新宿　でん八物語

松尾昭次郎

松尾明弘　　　　　　　　又村 統　画

元祖でん八のカウンター内のアニキとトミー野沢（左）

歌舞伎町店にてアニキとアキサン

元祖でん八の暖簾入口

元祖でんハ　カウンター内のアキサン

「でんハ・そのに」にて
中澤 忠

元祖でんハ　梨元・アキサン・花田・藤森（右端）

●たとえばエデンの園のリンゴです。　アダムがイブにすすめられて喰べたリンゴの素晴しい味！　きっと神様がリンゴを１人締めにしたいので＜禁断の木の実＞なんて名前をつけたのではないでしょうか。**そのに**も丁度神様が１人締めにしたいような………そんな楽しいパラダイスです。だから**そのに**マークはリンゴです。

3月　日━━午後　時～　時までにご来店下さい

そのに

☎351・4738
新宿２丁目55　末広亭そば

でんへも皆様のおかげをもちまして、新宿歌舞技町に「でんへそのさん」を開店する事になりました。でんへ本店、そのに同様、そのさんもよろしくお願い致します。開店日四月五日当日は、ささやかな御礼の気持として、無料にてサービスをさせて戴きたいと思いますので、お誘いあわせの上御来店下さいませ。
でんへ そのさん

営業じかん 五時〜一時
新宿区歌舞技町一ノ二五
丸雄ビル二階

「そのに」と「そのさん」の挨拶状

ごあいさつ　　多ぜいのお客さまに愛されて　すっかり狭くなってしまった〝でん八〟　皆さまのおかげを持ちまして　でん八の第2の店　すなわち<**そのに**>を開店いたすことになりました。――本店？と同じように狭い階段をトントンと登っていただくわけですが　中は広々としたヨーロッパスタイルの洒落た店です。――ぜひ　開店披露にはご出席くださいますよう　お待ちしております。

松尾昭次郎に捧ぐ

新宿　でん八物語　目次

池谷節子
長田直樹
関根由子
竹村幸夫
根本祐徳
平井吉夫
藤森建二
森本一成
松尾明弘

第二部　「でん八」五十周年に寄せて

第一部　新宿と「でん八」座談会

池谷節子
長田直樹
関根由子
竹村幸夫
根本祐徳
平井吉夫
藤森建二
森本一成
松尾明弘

序

あの時代、「でん八」は、活気があった！　物語があった！

1960年代、70年代の若さの合わせ鏡のごとき場所だった。

店の人や客同士の距離感が絶妙で、居心地が良かった。

コの字型で小さな和風オープンキッチンのような一角に、ド〜ンと50センチ四方の真鍮おでん鍋があった。

そのお店に僕が初登場、着席したのは、一九六五年二月の寒い日であったことをよく覚えている。

新宿花園神社の入り口でおでん屋台を引いていた清水芳郎さんが早めに店仕舞いして、連れて行ってくれたのが、三越裏の開店間もない、おでん居酒屋だった。「でん八」。

店を仕切るのは、松尾昭次郎、明弘兄弟で、カウンターに居並ぶ客は男っぽくて、文士が集まる女将居酒屋とは違って、一風変った雰囲気が常に漂っていた。

「座談会」は、四回にわたり十時間に及んだ。
ほぼ五十年前の開店当時から、
それぞれの縁で暖簾をくぐった面々が、丁々発止と語りあった……。

戦後カオスのなかの屋台から

藤森……お忙しいなか、出席していただきありがとうございます。「でん八」のアキさんに同席していただいて、お店の歴史とそこに集まった人たちのドラマを語り合ってみたいとおもいます。

今日お集まりの皆さんは、「でん八」が開店（一九六四年七月）した時から、または、ほとんど間がない時に暖簾をくぐった方たちです。まず、各々の馴れ初め（笑い）から話していただけますか。

森本……昭和三九年（一九六四年）八月末かな、開店してまだ一ヶ月もたってない時に新しい提灯を見て気になって飛び込んだ。たまたまその時、新宿ガイドのネタ記事を探して歩いていた。一緒に入ったのは、千代田（デザイナー）だった。

ふつう取材したお店には行かないのに、よっぽど居心地が良かったのか居ついちゃったんだよね。

布施明やいかりや長さんが居て、アレッと思ったんだ！

松尾……開店から年内までは、赤字でかなり厳しい崖っぷちだった。

ジャズ喫茶「アシベ」（ACB）の熱気

森本……近くに「アシベ」があって歌手や芸人を見かけたが、あれは、いつごろからで、最初は誰が来たの？

松尾……勝美。ファンの可愛い女と二人連れで来た。それからバンド連中が来るようになった。

森本……最初は、カツミかァ！

（長田設男後述――　ドリフの長介さんが酔っ払って、階段を上がってきて何も飲まないで帰った内田裕也に「それはないぞ！」とつぶやいていたが、その後TVでドリフが流行らせた初期のギャグのいくつかは「でん八」が起源とか、言ってた。）

藤森……僕は開店翌年の半年たった二月の寒い日に、おでん屋台の「インテリ清水」さんに誘われて初めて行きました。

この時にはもう、「アシベ」のプレーヤーたちのたまり場になっていることが話題になっていたナー。

森本……いけば、必ずちょっと変わった人たちが居る雰囲気があったよナ。バンドマンやアングラ役者、それにソープ嬢など。

松尾……（屋台盛衰記語り～「でん八」開店の時、昭次郎三七歳、明弘三一歳だった。）

出版関係から芸大グループが

長田……とすると、今日お集まりの中では森本さんが一番早い「でん八」入学なんだ。（実は、竹村さんが一番乗りだった。）僕は、大学三年。加藤登紀子さんがお芝居をやるのを応援をしていて、そのプロデュースしていたのが二見さん。芝居が跳ねて打ち上げで初めて寄ったのが「でん八」さ。初めての店で感じたのは、アキさんが素晴らしい話芸の持主で、アニキはひかえめで、あまり喋らなかった。

（共通して一致するのは、アキさんの聞き上手と、話題を上手に操る話術に魅了されていたこと。）

藤森……関根ちゃんはどうして知ったの？

長田……加藤登紀子のリサイタルのチケットの売込みで日本女子大学に出入りしていた。その時、大学目白祭実行委員長をしていた彼女と協力関係ができた。

松尾……二見は藤森君が「迷惑をかけるかもしれないが、広い人脈があって客寄せに優れている友人を紹介するよ」と言って連れてきた。一緒に来たのが三回目の、春だったかな。

（長田設男後述――　二見は、「人間座」を始めた頃だったか、私の最初の妻も顔を見知っていて、ゴールデン街で一緒に飲む機会があった。で、帰る時になったら、「ドーモォ」といって帰っていった。唖然としましたけどね。飲ませ方は上手だった。）

長田……とにかく、彼の黒皮の手帳は、名前ばっかですごかったよナ。

藤森……彼については、平井さんが日本共産党時代からの深い付き合いだった。

（ここで、遅れて竹村さん登場）

松尾……ほかに、最初から来店していた芸大建築グループで平瀬くん等がいる。テニスの後、飛込みの来店だった。さらにその後に永田、落合、当山、永松さん等が続く。

藤森……芸大グループは、その後、学部を超えて横断・縦断的に一大勢力になったよう思うのですが、この座談にキーマンを呼んで加わってもらいましょうか。

では、竹村さんの「でん八」とのキッカケをお話ください。

（古い写真を廻し見しながら、会社の総務とソープ嬢を混同しながら話が盛り上がる。）

竹村……雑司が谷に住んでいて、新宿で飲み食いし、明治通りが通い道（トロリーバス）だった。帰宅途中、新田裏の屋台で、アシベ裏路地に「でん八」の開店情報を知って行ったら、「アシベ」に出ていた園まりとか伊東ゆかり、ジャッキー吉川らが飯を食いに来ていた。

「でん八」の思い出を話すと切がないが、此処が生きがい、生きている原点だろうね。

（ひとしきり、河出書房入社から、倉庫の本整理の苦労話を、エピソードを交えて笑いとばす。）

長田……竹さんもそうだが、「でん八」の流れでよく行った店が「どじょうや・信濃屋」だった。

竹村……どじょうやの娘が評判だったナー。日本酒の勢いで冷泡盛を初めて飲んで腰を抜かしたよ！　まだ、飲み方を知らなかったもんで。

長田……「でん八」の板さんの昆ちゃんと、土曜日は御苑前のＤｉｃｋのマンションでマージャン、ポーカーをよくやったよ。

森本……大村昆に似ていたからコンちゃんと呼称していたが、本名は？

松尾……酒井。長崎出身で、屋台の客の紹介で雇用した。コンスケは料理の手は早いが、雑だった。八年ぐらいいて、その後、小林（現、真鶴在）が継いだ。

藤森……でん八の客は、職種別、大学別などのグループや一匹狼みたいな無頼が集まっていたが、二次、三次のハシゴ先は何処だったの？

新宿の無頼たちと「そのに」の誕生

藤森……僕は、まず新宿御苑裏の「ユニコン」から「カヌー」そしてゴールデン街コースが定番だったかな。その後に、ＡＧＥ、旧「おかだ」が加わって、最後に「五十鈴」とか。

森本……行く店はいろいろだったが、ゴールデン街によく流れた。

竹村……今、ゴールデン街はセピア色で懐古されブレークしているんだって！

藤森……この前、長田君に連れられて「花の木」のカウンターに座って、１５年余ぶりにママと話した。佐木隆三のもと奥さんで著作を恵贈されたこともあって、七十年代に寺田さんや龍円とよく行ったのを想いだした。二人とも亡くなったが。

出口君もいたなァ。

長田……二見に連れられてゴールデン街の「くろ」、「薔薇館」へもよく行った。

竹村……それから、新田裏の「コメディアン」にも寄って、飲んでゴーゴー踊ってたよ。客を飽きさせないスグレモノノ支配人がいてネ。

森本……あのマスターは俺が紹介したんだよ。好い男でね。

松尾……兄貴が、「でん八」がいっぱいで流れる客の行き先と云うかコースをリサーチしていた。新店を末広通り「どん底」の隣に仕掛けると決めたってわけさ。

藤森……「そのに」出店のなぞが解けた！　路地裏の経済学だよ。

竹村……「そのに」は開店するなり大盛況で、今で云うスナックバーが喧騒のなかに誕生した感じだった。朝まで飲み、そのまま会社に行ってた。

藤森……アキサンが開店店長で。ジュークボックスがあってね。

長田……それから、ボトル制も早かったよ。

「そのに」の名づけと、斬新なマッチ

松尾……メニューとマッチのデザインは千代田氏がつくってくれた。

長田……アップルのデザイン、斬新だったな〜。

〈「そのに」の命名は、でん八のカウンターでの話で、次の店は2号店では、味も素っ気も

ないから、パート2から洒落で「そのに」に決まったのかな。マッチのリンゴをあしらったデザインが新鮮で、アダムとイヴまで想像力を掻きたてられて、評判になった！）

松尾……調理場は、城間だった。今は、沖縄に帰って居酒屋をやってる。

竹村……あの時代は、色んな人種が集まってきていた。そのなかで、松尾兄弟は誰わけへだてなく優しく接してくれた。

長田……深夜叢書社の齋藤愼爾や中井英夫、井上光晴などもよく来ていた。

藤森……齋藤愼爾は、二〇一〇年に『ひばり伝　蒼穹流謫』で芸術選奨文部科学大臣賞を受賞した、文筆活動、旺盛だよ。優秀な編集者だしね。

竹村……あの頃は、ゼンガクレンなどが蔓延ったじゃあないですか。今となれば俺なんか老人だけど、この頃の若者は覇気がない！

長田……一九六八年の10・21国際反戦デーの時は、防衛庁から新宿駅に移動してホームから落っこちて、「でん八」に逃げ込んだ。戦後初めての騒乱罪が発令されたんだよ。根本さんも防衛庁へ行っていた。

藤森……今の若者の覇気のなさを、世代論で語っても埒が明かないんだけどね。

（しばらく、フクシマ原発、3・11東日本大震災復興問題から日本赤十字の闇について大

座談会の面々：長田・藤森・竹村・アキサン・平井・根本・池谷（円内は関根）

胆な発言が続く。「お父さん、お母さん、子どもが亡くなっているのに、査定配分など必要ない、即給付せよ！」と。）

藤森……も少し元に戻して「でん八」から「そのに」について、何年の開店だったけ。

松尾……五年後の一九六八年に「そのに」を10坪スペースで開店した。そして、「そのさん」でん八歌舞伎町店は、六年後の一九七四年に20坪で開店した。

藤森……「でん八」から「歌舞伎町店」開店までの十年は、短期間に感じる。活躍する時期って、そうしたもんだよね！

竹村……いろいろあって、歌舞伎町の「そのさん」オープンまではもう少し時間の経過を感じる。

藤森……シャンソン歌手から「そのに」の店長になった中澤忠さんについて、どうですか。「銀巴里」もあるし、野球もあるし、空手も…。

僕は、忠ちゃんが、大阪リトル野球チームの経験があって、阪神タイガースファンであったこと。そして、中村勝広（元阪神監督）と親交があって彼からもらったグランドコートを、店で羽織っていた姿が忘れられない。

松尾……歌舞伎町店の次を模索している時期に、南青山出店構想が出て「そのに」を忠に任せることになった。

長田……要するに、面倒見の良い親分肌ってことなのかな。自立させていくシステムを持っていた。

竹村……ところが、金がなくて困っていたが、アニキは太っ腹だったんよ。長田ちゃん始めパートナーがいたんだろうと思うよ。

飯田シゲさんのこと

藤森……では視点を変えて、「でん八」に梁山泊的に集っていた人のなかで、僕には「でん八」の主の如く見えた飯田シゲさんの人柄などを喋ってもらいましょうか。

松尾……シゲは、開店一年後ぐらいにやって来た。ガラスクリーニングを起業して代表だった。そのうち、ほとんど毎夜立ち寄るようになり、連絡事務所代わりにしていた。名刺には「株式会社デンパ」とすりこんでいたもの。（笑い）

長田……ちょっと日本人離れした顔で独特のキャラクターだった。

藤森……背が高くて着こなしが目だって、ジョークが言えて、クラークゲーブルばりだったよ。

森本……俺が運転免許を取りたての時に、一緒に三浦の剣崎の民宿へ行ったことがある。アニキも一緒で酒とマージャン三昧だった。

松尾……出身は新潟で、角栄地区から数人の仲間と上京の成り行きだった。

藤森……面白いことがあった。紀伊國屋から図書券を数百万円購入する手続きをしてあげた。選挙運動に使ったらしい。

長田……清掃業の方は、ビル丸ごと外も部屋も請け負って、学生をアルバイトで使ってガンガン仕事をこなしていたから、収益は良かったはず。

また、松本清張のりのエピソードも尽きない。社員の動向から、役員室にも出入りするわけだから、純粋に清掃だけではなかったということ。

アニキこと、松尾昭次郎さんについて

藤森……平井吉夫さんと根本祐徳さんのお二人に加わっていただきました。前回と重なる部分も出てくると思いますが、アキさんには「でん八」を三越裏路地に開店したいきさつを聞きたいし、アニキが二番目のお店「そのに」を出店構想するに至った経緯などを聞かせてください。前回の続きで、シゲさんについてもう少し何か。

根本……シゲさんはアニキの弟分だったでしょうー、違うの？

平井……いや、アニキの弟分は、いっぱいいたでしょう。俺だって一人だよ。

竹村……俺、シゲさんと初対面の記憶が無いんだよな〜。

松尾……田舎の親友、次郎が連れてきた。次郎は屋台時代の従業員で、その息子もアルバイトで一時来ていた。

藤森……昭次郎さんの履歴をめぐっては、良くできた長田メモがあるよ。

根本……親父さんの医書を生活の糧にしていたらしい。将棋や囲碁に明け暮れていた時期があったことを聞かされている。（将棋初段、囲碁2段の有段者）

藤森……戦前の巣鴨中（ガモチュウ）〜早稲田（商学部）から、戦後二一年に「全日空」に就職、という履歴を聞くにつけ、戦後間もないときだけに感心しきりです。

長田……アキさんは戸山高校。

平井……名門だよ！

長田……アニキはその後、「全日空」を退社して大阪の南海綿業入社。糸ヘン景気のなかで大いに活躍したようですよ。

松尾……その後の兄貴と、二人で洋裁用具の代理店を立ち上げたんよ。

平井……兄弟仲すごくよかったようですが、諍いなどはなかったの？

藤森……兄弟の仕事が別になって、別々に行動した空白の時期はどうだったんですか。

松尾……仕事を引き継ぎ一人でしばらく継続した。

GSジャッキー吉川＆綱木など……

竹村……開店当初は客が全くいなかった！　それからアシベの連中が飯を食いに寄るようになって友達が友をよんでつながっていく構造になっていった。

森本……三原綱木は静かに食事していたよ。あまり飲まなかった！

根本……竹さんがいなかったら「でん八」はつぶれたんじゃないの！

松尾……小料理屋をめざして、板さんが毎日河岸築地から鮮魚を仕入れていたが、無駄続きだった。

竹村……誰も来ないんだから、厳しいよね。

松尾……お茶漬けも始めた。

平井……ところで、藤森君は……。

藤森……先に話したが、僕は新宿中央通りの「ウイーン」での会議のあと、住まいの早稲田馬場下への帰り道に寄った、清水さんの屋台からですよ。

平井……あなたが早稲田グループや出版関係の連中を引っ張っり込んだんだ!それで、俺は二見なんだな。

竹村……そんなんで、言葉は悪いが、たまり場になったんだよね。

平井……俺はセクトが違っても、早稲田の連中は仲間だからかまわずつき合ってたよ。少したって、長田とも付き合うようになって、大学が中央大学で同じの根本を知った。

(当時、10・21があったりいろいろなことが起こった。)

竹村……あの頃は、いろんな出会いがあったよ。

根本……長田が「ちゅう」というネオンを作ってやったりね。

平井……あの頃の長田は、未だ貧乏人だったんだよ。

長田……「スンガリー」でアルバイトをしていた。

平井……ドイツに行く前の話だが、当時、電話債券の売買を仲介してくれたのが、アニキだった……。

表の顔アキさんと裏の貌アニキ

平井……では、松尾兄弟の葛藤はなかったのか、をめぐって。

長田……アニキをたてる従順な弟だったよね。

松尾……兄貴とは鶯谷に住んでいた頃、殴り合いになるビデオ事件があった。

竹村……アニキの武勇伝だけど、熱海の旅館での大立ち回りがある。弁償問題になって、誰も金を持ってなく工面するのが大変だった。でも、太っ腹だったよ。その時は、そばに寄れない状況だったが、今では、写真にとって置けばよかったと思う。

他に、「コメディアン」の一件がある。あの立ち回りも凄かったですよ…。

平井……アニキのそんなの見たことない。

根本……俺もない。ただ、怒ると怖いというのはあったね。

長田……アニキは、仕事中の店で酒を飲まないと決めていた。

藤森……おちょこをすすめても、受けないから飲めないのかと思っていた。

こうした男っぽいエピソードも入れておかないと、物語にならないもの。

松尾……兄貴は生きたナマ情報を入手するのが上手かった。キーマンを捉まえチャンスにするのもすぐれていたと思う。

藤森……アキさんのエピソードはどうですか。

根本……初期の「でん八」は、表の顔がアキさんで裏の貌がアニキだったよ。

長田……細い階段をすれ違うように、二階へ料理を運んでいたのがアニキだったさ。

最初、この人何なんだろうと思ったもん。

藤森……アニキはとにかく教養人で、話すほどに負けたと思わせる雰囲気があった。

平井……本当に、アニキとアキちゃんと話すのは楽しかったよ！

竹村……そして、金がなくても飲んで帰れたし…「そんなの気にしなくていい」と言われてた。

「ばくだん」が一番高かった！

平井……おでん種でちょっと高いのがあって、「ばくだん」ってやつ。

藤森……アキさん、当時のおでん料金を教えてよ。

松尾……ばくだんが七〇円で、銚子一本と同じだったかな。

平井……大根が美味しくて安かった。原価が安かったから。

竹村……ばくだんが一番高くて、その下が三十円か、四十円だった記憶がある。

長田……ばくだんの値段は、「ハイライト」と同じだァ。

根本……値付けで音楽用語が飛び交ってなかった？

長田……ツエー、デー、エー、エフ、ゲエー…。

根本……ゲエー百とか…

松尾……逆にバンドマンには使えないから、もう一工夫していた。将棋の駒使って。

竹村……とにかく、「アシベ」を通じて無名から有名人まで結構の人数がお茶漬けをすすりに来ていたよ。

平井……園まりや、ジャッキー吉川のボーカルやってたのとか、遇ったことある。

藤森……僕も東京に出てきて、直ぐに連れて行かれたのが、この「アシベ」で、凄いカルチャーショックを受けたのを覚えている。裕次郎の「嵐を呼ぶ男」風の生バンドがガンガンやってたのにびっくりした。

根本……やはり、「でん八」の近くの地下のショーにアニキに誘われていったことがある。

期待通りでなくて一緒だったシゲさんとがっかりした、記憶がある。

スナック「そのに」は中華料理だった

藤森……「そのに」は、スナック風で同じようにおでんを出していたかな？

根本……完全に中華料理。

松尾……カウンターとベンチで、ジュークボックスに、キープ用ボトル・ボックスがある風情だった。

藤森……広さが応接間の一室と云うか、居心地が良くて安心して飲める空間だった。

平井……俺は、ウイスキーはブラックニッカだった。

竹村……その当時は、角をキープするのはちょっとお高く留まる感じ。

マスコミ人が続々と

長田……ガミさんが「サントリーを×××会」をつくったりして…。ブラックニッカ党が多かった。

平井……ガミさん元気なのかなァ。「ミステリー・マガジン」にえらい取材力の連載があって、昨年まで読んでいたけど。俺のドイツミステリーの翻訳書も書評してくれているし。

藤森……ガミさんは当時、「日刊・ゲンダイ」の創刊にかかわっていて社長の川鍋さんやライターの丸山さんらと一緒に、三越裏もそうだが「そのに」によくきていた。

昨年4月、僕の「囲む会」発起人で参加いただいたときは元気だった。

根本……トップ屋は誰だったっけ。

長田……大サダだろう。他に芸能レポーターの梨元も来ていたよ。

竹村……梨元は駆け出しの頃は、しょっちゅう面倒みさせられたよ。

(長田設男後述——　梨元を「そのに」に連れて行ったのはわたしですが、その後彼は、「そのに」の「今月の払い頭」(アキちゃん)に何度もなっていたくらい入り浸っていた。そのころ、梨元とわたしと集英社の「プレーボーイ」の編集者だった田村、その三人が「そのに」の三デブと言われていた…。)

藤森……店内は、何時もカオス状態だったナー。

松尾……「そのに」も歌舞伎町店も内装設計は全て永田にやってもらった。

マッチとメニューのデザインは千代田が制作した

根本……今、マッチを持っている人いるかナー。インパクトがあって良かった！

長田……芸大連中も油絵、日本画、デザイン、建築から声楽まで多種多様な人のたまり場と化していた。

芸大は久保田に寄稿してもらうと良いよ。住田は亡くなったし。

根本……永田にもね。

（しばし、新宿の街論に及ぶ。）

「でん八グループ」のお店は全部二階に！

藤森……さて、テーマ出しの問題提起がありますが、どう絞込みをしたら良いと思いますか。

根本……歳だから、記憶が薄れて曖昧だからね。

平井……あのねェ、藤森さん、新しい斬新なアイディアが出るのは五十歳までだからね。

藤森……「でん八」の物語をまとめる気になった経緯は、編集者魂どうこうと云うのではなくて、松尾兄弟とは親戚付き合い以上のものがあるので、記録だけは残しておこうと思いたった次第です。

松尾家の菩提寺・宝祥寺

根本……親戚付き合いをする親戚もないが、いろんな因縁があって僕は、早稲田夏目坂のお寺（宝祥寺）の住職とずっと昔から飲み付き合いがあった。後で、そのお寺が松尾家の菩提寺だと知った。戦争から帰ってきて、東大の美学出身の曹洞宗のお坊さんなんだが、平凡社の「音楽百科」にかかわっていたことがあった。妹がユング研究家の秋山さと子。

彼に、新宿の「風紋」や「茉莉花」とか西口の「火のこ」によく連れて行かれた。ゴールデン街にあった「わらじ」にも回遊していた。火を出して一番街から奥の五番街へ移ったけどね。

松尾……火事は恐いよ！

平井……「でん八」も火災に遭ったでしょう。

根本……隣のクリーニング屋から。消防車も入れない狭い路地だった。あの狭い路地が良かったんだよ。

松尾……路地で二階というのが店舗設計にあった。兄貴の考えは、二階まで客を引っ張る自信と、リピーターこそ集客の鉄則としていた。これは、ずっと次の出店にも引き継がれることになる。

中澤忠と加藤登紀子のこと

藤森……平井さんは、忠ちゃんと最初の出会いはどうだったんですか。

平井……シャンソン仲間と音楽会の催しを考えていて、パリのシャンソンコンクールで優勝した中澤忠と加藤登紀子のジョイントで歌をうたわせる企画を進めた。

場所は、銀座ヤマハホールでやった。忠ちゃんとの面対はその時が初めてで、その後「でん八」へ連れて行った。

長田……その時、チケットの販売で関根ちゃんに協力してもらった。

藤森……僕もヤマハホールに聴きに行った記憶がある。「銀巴里」などで歌い続けていたのでしょうが、次に、栗田勇の『トロツキー』の芝居で、ギター語りで出演したシーンを覚えている。

平井……私が作詞・作曲した歌を加藤登紀子が歌うというリサイタルだった。加藤登紀子は、まだ学生だった。

藤森……忠ちゃんは、ヤマハの前は歌ってないのですか。

ちゅうちゃんと芸大グループ他

平井……新橋の日航ホテルでずっと歌ってた。

森本……「でん八」に入ってからは絶対に歌わなかったね。

長田……強い意志で決めてたね。

関根……歌は上手かったね！

竹村……歌は最高だった。表現力もあったし。

長田……妹から聞いたけど、小学校時代からのど自慢で全部優勝していたって。

関根……どこから間違っちゃったんだろう。

（プロデュースした二見との関係話から。彼が脳梗塞で倒れたときアニキと根本、藤森で見舞った挿話などと続く。）

根本……松尾兄弟がいかに凄いか！　見舞いに出かけたり、コンサート、絵画展、演劇につきあったり、出版記念会などの会へ欠かさず出席していた。

藤森……僕も関係した出版記念会、激励会、見舞いにまめにでかけられていた。この気配りは、大変な行為だと皆が思ってる。洋泉社創業の時にはお祝いで、立派な鉢植が届いたし。

竹村……柳田は元気ですか？

根本……藤澤先生は。

新規開店は「でん八」から「傳八」に

長田……ここにいる皆さんも「そのに」、歌舞伎町店・「そのさん」までは共通の場所ながら、青山店になってくるとそれぞれ暖簾をくぐる密度が違うね。根本さんの「そのに」は勿論のこと、弁柄色の青山店への貢献度は絶大なものがある。

平井……青山は、一度くらいしか行ってないよ。

長田……青山から新宿に帰ってくるのが大変になるので。

竹村……思い出に残るのは、「そのさん」と銀座店「傳八」の開店の時に、スタッフがいなくて皿洗いの応援を頼まれたが、超忙しくて大変だったこと。上がりビール1本だけでね。悪夢だよ！（笑い）

根本……信頼されているからだよ。

竹村……アニキから電話で要請があれば、行かないわけにいかないもの。

藤森……それって、松尾組だよな。

長田……里木を辞めさせたからね。優秀だったけど。

松尾……屋台を一台任せた時からの従業員だった。里木を可愛がっていたけどね、遅刻とかあって、兄貴の逆鱗に触れた。

平井……その判断は、正しかったんだろうな。

根本……アニキのカンシャク玉には一理あるから、謝ればいいのに謝らない。

「でん八」グループの接客今昔

（竹村さんの、新規開店時の応援で注文が殺到する生ビール注ぎのトンデモ厨房談義が続く。）

藤森……いろいろ、「でん八」主催のイベントがあったが。話題になった熱海温泉旅行もそうですが、白川郷もどきの屋敷で打ち上げ納会とか、クルーザーとか、三浦剣崎海岸のドライヴ、そしてマージャンとか、神宮球場の年間予約シートのことなど、どうですか。

僕は、アニキやアキさんが参加して、奥多摩に出かけた「青梅かんぽ」一泊の宴会が想い出深いなー。関根ちゃんが駆けつけてきたり、今は亡き手塚和男さんも居て盛会だった。そうそう、アキさんの奥さんが同伴でしたが、気配りの人を感じた。翌日は、御岳の蕎麦屋で昼食して大団円！

（平井さんの還暦祝いの会の仕切りをめぐって、奥田、泉さんと長田でまとめたことなど。さらに、おんな関係の話で盛り上がる。お互い見られているからしょうがないんだけどと、ちゃちゃが入る。）

平井……逢った、別れたの話も色々あった。

根本……飲み屋は誰かに逢うのために行く。そして居酒屋は客が作っている面があるな〜。

長田……「そのに」は文化人が多かったね。いろんな人に会ったもの…。ぼくの恩師小園先生と出口さんの「中公闘争」作戦会議にも居合わせたことがあるし。最後まで闘争を続けたもんね！

根本……先生はサムライなんだよ！

藤森……辺見と哲っこさんともカウンターで一緒に飲んだことがあるよ。庸ではなくて秀逸の昔の話だよ。

竹村……とにかく、誰かと会っての一献が楽しかった。

藤森……近々、五十周年（1963〜2014）になる。

アキさんの終着駅は、サシで対話できるカウンター居酒屋を夢見ていた。アニキは、集まってきた長い付き合いの客を囲い込める寿司割烹のような店を構想していた。いずれにしても客とのつながり重視が、居心地のいい「場所」創りになると確信しているようだった。接客には流行があるように思うが、ネット社会全盛の機械のようなマニュアル対応より、男っぽい松尾兄弟に接しられた、旧きが良き時代にこだわりたくなる。

松尾……四十周年の時は催しを決めながら、途中でアニキが挨拶したり喋るのがいやだからと云うことでうやむやになった経緯がある。

成田空港出店も構想していた！

（ここで、ライターの関根さんと、馬場園さんが鹿児島帰りのさつま揚げを手土産に登場。さらに原さんが登場。後半に森本さんが加わる。）

松尾……「でん八」開店のときの俺の年齢が三一歳で、兄貴が三七歳だった。

池谷……そんなに離れてたんだ。

松尾……兄貴健在の時の四十周年イヴェントが頓挫した事情から、今回こうした集まりを持ってもらうことに少し気後れしている。

この間、色々な資料や店紹介記事や写真などを探しているが未整理状態。（現物を見せて）こうした「平凡パンチ」に信原が紹介してくれたものとか…。彼は当時、野坂の担当編集者だった。

平井……話がずれるけど、「そのに」を受け継いだ中澤忠のかみさんが京都祇園で、スナックバーをやっていた。それが、十周年の時に記念冊子を作っているので参考のために。

関根……忠さんはファンも多かったよ！

（ここでまた、忠さんの波乱万丈のエピソードが噴出する。）

関根……私の、新宿日活裏の「でん八」初登場は、三億円事件から新宿騒乱の時だったと記憶している。デモには参加していなかったけど、「でん八」がベース・キャンプ状態だったよ。その次は、市ヶ谷自衛隊の「三島」の時も、何故か居合わせてたな〜。

藤森……何時も一緒のお友達が居たでしょう？

関根……久保田順子ね。ポン女高校の同級生。アキちゃんにほれて通ったようなもん。若くして亡くなったけどね。そして、あのカウンターが良かったわ。適度の密度で。（笑い）

池谷……二階では、立って飲んでたもん。

長田……狭い階段のすれ違いも大変だった。

松尾……一階、二階とも四坪で調理場も狭かったし。

でも、あの狭いなかの熱気をつうじて客とのつながりを教えられた。あれが、客商売の原点かなと。この延長線上に「そのに」を出した。

長田……チエーン店の展開は考えていたのかな。

関根……チエーン店展開は、ある時からフェース対フェースを離れるから、弟子を作ればなんとかなる機会があったと思うけど、忠さんにしろ、四郎さんにしろ、そこまでならなかったと云うことかしら。

根本……株式会社にして積極展開を模索していたが…。

平井……チエーン展開かどうか分からないが、成田空港に店を出す話があったよね。凄いなと思った。

竹村……聞いたことがある。

長田……アニキは、先を読み考える人だった。

松尾……成田闘争があって、何時、解決するか分からないところで方針転換を余儀なくされた。開店のめどが立たなかった。

「でん八」「そのに」「そのさん」の青春に悔いなし！

平井……「近頃の若いものには覇気がない」と言うけれど、やはり、信じなければいけないと思う。社会的地位が違ってきているわけで、われわれが生きてきた時代は転換期だったんだよ。革命的インテリゲンチュアーなんてイヤらしい言葉があった時代よ。

関根……私たちの時は既にそんな意識はなかった。確かに時代が違う、感度と云うか。

藤森……「でん八」を梁山泊に、と云うが元気がすでに失せて少々やつれ気味の雰囲気だった。60年安保の残滓組みと、10・21に始まる渦中組みと云うところ。

平井……あァあ、関根ちゃんは若いんだ！

アニキは真正右翼ですから。馬鹿な左翼的言辞を弄する奴は、パンパンパンとやられてた。

池谷……家が火事になって、写真、日記類が全部焼けてしまった。日記に何処で何した、誰に会ったを細々つけていたが、「でん八」のことも記憶だけでは曖昧になっちゃった。

竹村……それは残念！

池谷……関根さんとは、何度も会っているはずなのに接点がないんだよね。

私は、「キャット」や「ビザール」や「ミッキー」のジャズ系の店に行っていた。

長田……「信濃屋」についても詳しいんだよ。

池谷……絵を描くタカちゃんがいてね、個展に行って絵を買ったことがある。店が終わると「そのに」のカウンターでよく見かけたよ。

竹村……店は閉めたが、今は新宿三光町交差点の所に「富士そば」がある。

原……アキちゃんと俺とタカちゃんの三人で新宿西口のホテルで会食したことがあるよ。アキちゃん記憶喪失になったみたい！

関根……「でん八」が「でん八」なる所以で語れるのは、いち、に、さんまでなのね。私の青春もこのなかにあったな！　私の人生のコアの一つだもん。

松尾……「わたしの青春を返せ」とも言っていたよ。

長田……養子の会をつくったこともある。関根ちゃん、忠ちゃん、原君、みどりちゃん等で。

竹村……それは知らなかったな~。

原……出会いは、銀座のスタンドバー「はぐるま」かな。「銀巴里」で眠くなっているところに、工藤ベンさんに会ってシャンソンが好きになったんだよね。そして忠さんを知ってその流れで「でん八」にくるようになった。催涙ガスが匂う

「新宿騒乱」の時でね。

平井……工藤ベンはベタ上手だったよ。原君はその時、すでに立派なサラリーマンだった。金を持ってるわけで、いろいろお世話になったよ。

森本……全部二階の店。アキさんが言っているようにアニキも「二階まで階段を上がるのは固定客で、絶対に誘導する自信がある」と、信念を持っていた。

平井……「平井と一緒に飲んでいると、二階ばかり連れて行かれる」と言われた。

関根……凄いね！　二階で商売するというのは、厳しさのなかに哲学がある。兄弟の客商売には天性のものを感じる。

松尾……親父は口下手だった。母親は巣鴨の戦犯を慰労したり社交的だったが。

藤森……御祖父ちゃん御祖母ちゃんの周辺まで辿ると大変な家系だね。

昭次郎さんの全国紙全頁CMフォト

藤森……「日経」ほか全国紙の全頁を飾ったアニキのコマーシャルフォトを知っているでしょう。（全頁写真を見ながら）
関根……この写真いいよね！　ほんとにいい男だよ！

平井……映画俳優だよ。額に入れてとって置きたいよ。

竹村……朝起きて、新聞を広げて眼に飛び込んでくるアニキの写真を見て、これなんだよ！と驚いた。

原……この格好よさが、「渋谷物語」の安藤昇以上だよ。

平井……アニキは短気なのか我慢強いのか解らないところがあった。バカな話を聞いてくれるんだよな。

松尾……兄貴は……。

アキさんの話術

関根……私などはアキちゃんの話術にいかれてきたようなものなのに、よりもよってガンで声をとられちゃって、一生分喋ったのかなーと。

平井……神様は公平なんだよ。

関根……辛いし、相当ストレスがたまるだろうな…

平井……クマさんの話しを出そうと思っていたところ…

関根……電話屋のクマさん、千駄ヶ谷の開店で合ったとき痩せてたけど。その時、シゲさんも来ていた。

松尾……クマは脳梗塞で倒れた。

関根……「そのに」で彼等とはよく合った。その時代を象徴するジュークボックスがあって。今はカラオケだけど。当時は、浅川マキの「夜が明けたら…」がよく歌われていた。

藤森……浅川マキは、アートシアターのライブで聴いたけど、時代感覚にあってたな〜。

平井……新宿都電の廃線に立つ浅川マキのジャケットが冴えてた。

森本……当時、「アシベ」に出演した全員を覚えているもん。

松尾……俺なんか、朝五時までなんだもの。飲み歩くことなんかできなかったよ。

森本……現在の芸能界を仕切ってるのほとんど「アシベ」育ちだよ。

平井……俺、ＡＫＢのことアカベ４８と言っとるんだけど、「アシベ」からとってるかも。心の奥底になにかあったはず。

（初めて知ったよ。初めて言うよ。なんて裏話が笑話になる！）

四十年前と変わらない昭和の居酒屋、「でん八」歌舞伎町店／「傳八」青山店開店

藤森……青山店について、「でん八」のでんを「傳」にした経緯はどうだったのかな。

松尾……伝馬波及と云うか、友が友を呼ぶつながりを大事にしたいと。

竹村……全部二階でしょう、凄いよ。

松尾……二階に上がる客はいい客だ、再度来させる自信があると、アニキが常日頃、言っていた。

池谷……「でん八・そのさん」をつくった大工の棟梁が言ってた、一度もリニューアルしてないのは此処（歌舞伎町「でん八」）だけだよ！　と。

平井……それは、大工もさぞかし嬉しいだろうな。

池谷……それから、私もヤマハホールの中澤忠さんのリサイタルは、会社が銀座だったから行ってるな〜。

藤森……昭次郎がアキさんかと思っていたら、昭和二年生まれのアニキが昭次郎だと云うことが判明する。

関根……なんで、アキさんて呼んだの？

松尾……俺、幼少の頃、体が弱かったから、おふくろが明弘を豊太に改名した。

竹村……不思議だったよ。

平井……われわれもみながアキちゃんアキちゃんと言っていて、一体どこから出てきてたのかわからなかった。そうか、アニキがアキヒロと呼んでたからなんだ。

（写真を見ながら、懐かしい話と風貌容姿をめぐって盛り上がる。アキさんの髪、そんなにふさふさだった！　カツラじゃないよ。森本さんかっこいいじゃないですか！　それ、竹ちゃんの彼女……。）

（池谷さん持参の鹿児島のカツオの「はらご」と「まこ」が酒のつまみに出る。）

写真を見ながら……

藤森……清水さんが写ってる！　他に、僕の知っている人、いますか？

松尾……彼だけ。おでん屋台売り子の慰労旅行のスナップ写真だよ…。

（『新宿　でん八物語』が完成した時に、五十周年祝賀会開催の発案が出る。）

松尾……この記念誌と五十周年の会は嬉しいが、恥しい思いもある。四十周年の時、兄貴の意向で頓挫した経緯などもあってね。

関根……私たちが盛り上げてやればいいのよ。

藤森……この座談会で思ったのは、五十年が経ってなお、このように時間の経過を忘れて喋れること事態が、各々にとって「でん八」が大変な居酒屋だったんではないかと思っているわけ。

関根……そうよね、このメンバーで「あの時代」を違和感なく語れるって、稀有なことよ。

平井……最初の「でん八」で、忠が一時、臨時のおでん番でカウンターのなかに居たことがあって、その時、ジャッキー吉川が来てて、紙を出してサインを求めたのよ。（笑い）俺、怒って、「お前はプロの歌手だぞ。プロの歌手がサインを求めるなんて素人ぽいことをするなよ」と言ったことがある。

竹村……忠さんの方がレヴェルが上だったよ。

平井……あいつも、ミーハーだな。

（長田設男後述――ジャッキーは「そのに」の全盛期にはよく会っていました。アメリカのラスベガス公演で、メンバー全員がナンパした話とか、いろいろしてくれた。私はそんなネタをちょこちょこつまんで、週刊誌に売って、飲み代の足しにしていました。）

松尾……四郎もキャバレーで歌ってた。客で来ていたバンマスにバーテンを探している話しから、彼がくることになった。

藤森……それから、船越君もバンドボーイだったでしょう。

森本……いや違う。彼は沖縄から、日活のニューフェースの募集に応募して上京して来ていたところを「でん八」にスカウトされちゃった。

有ったか 無かったでは人生、大違い！

松尾……二十代のセッチャン可愛かった！（写真見ながら）

関根……コンちゃんいるな～。これは誰だったけ？

松尾……ススム。

（一時、話が二手に分かれて混線。）

竹村……クルマがないからしょうがなく「そのに」で夜明かしして一番電車で帰ってた。今考えるとへェ～だけど、面白い時代だったよ。

この座談会のこれまでのまとめを読んだけれど、良くできていて楽しみ！

平井……藤森くんの長年の出版魂でやってもらえばいい。

松尾……俺、後何年生きられるかわからないが、こうして昔を語り合え贔屓にしてもらえるのが、涙がでるほど嬉しいよ。

池谷……私も本当に嬉しい。会社のイベントで使ったり、鹿児島の兄貴を連れてきたり、「でん八」様々よ。

長田……教授先生たちは学生を連れて来るし、その学生がまたつながって好循環してた。

竹村……会社が終わって、ここに来て一杯飲んで、帰って寝る、と云うかのが定番化して、頼りどころだったわけよ。だから、アキちゃんはじめお友達みなさんに大感謝です。

関根……「でん八」があったかなかったかでは人生、大違いだよね。

平井……今のセリフは皆が思っているはず。本当にいい話でした。

関根……これね、わたしが二十歳前後、目白祭実行委員長やってたとき、まだウブでしょう！

平井……悪かった！（笑い）

関根……お酒呑む所を知らなかったので、最初に「でん八」を知ったのが、人生良かったと思うよ。いろいろ勉強させてもらった。成長したしね。

松尾……節ちゃんのような純粋な娘もいたから、兄貴は人生相談にも辛辣に応えていたように思う。

藤森……アキさんは、人と人を、相関図的によく見ていたと思う。

関根……それから、大学の卒業式の日なんか、二次会で黒のスーツ着たまま大勢で「そのに」に行ったもの。

その頃、一晩二千円あれば……

池谷……この店があったればこそよ。仕事を一生懸命できたりして！

関根……順子なんかアキちゃんと波が合っちゃったのよ。膵臓ガンで四六歳で亡くなった。母親が強すぎてストレスたまって……　潰されたようなもんかな。お母さんは有名な速記者だった。反面教師にすればよかったんだけど。

平井……そんなの全く知らなかったよ。だけど「でん八」ドラマは一杯あるんだろうな。

竹村……関根ちゃんは優しすぎる。

関根……チョット違うけど。

池谷……わたし、「でん八」にこなくなって結婚した。（笑い）

（なぜか、竹さんの出身地美麻村の麻の実用と蘊蓄話に発展。さらに、廃線になった都電水天宮行きを巡って。平井さんの、五年間ドイツ、ウイーン、プラハ遊学……

その前に、家出して北アルプスを歩き回ったエピソード。その時、長田君に一緒してもらったこともあるとか。こう云うのも、元を正せば全部「でん八」なのよ。外国に出ていても「でん八」のおでんと酒が忘れず、ウイーンの日本料理屋で日本酒飲んだら、一気に涙が吹き出した…とかとか。）

藤森……ウイーンでは、ウイーン大学在籍で、日本人社会に入り込んでいたんだ。

関根……わたしなんか、「でん八」に一週間に十日ぐらい行ってた時期もあるよ。

平井……毎晩行っていても、なんとかなる飲み代だったんだよ。

関根……まだ、親からお金もらってたもの。

平井……二千円もつかえば大変つかった感じで、食べて呑ませてくれたんだよ。

竹村……タクシー代の方が負担だった。

松尾……板さんの給料が三万円止まりだった。

森本……学生バイトの日給が交通費込み３５０円だもの。ラーメン、カレーが４０円。農林省でもフリーで食べられた時代よ。

藤森……俺なんか、帰りは中央線最終十一時五五分の松本行の汽車のデッキだった。

竹村……あった、あった、あった山屋さんの列車が一本あった。

座談会のまとめに

藤森……客観的お喋りから酔うほどに主観的お喋りになる傾向あり。

松尾……みなさん各々のかかわりは良く聞かせてもらった。この座談の行間を少し加筆させてもらいたいと思っている。自分のなかの「でん八」から、屋台を引きはじめた頃の恥じらいとか、根無し草生活からの脱出を考えた頃の心情などを吐き出してみたいと思っている。

関根……アキさんに手を入れてもらわないと。

松尾……屋台を引いて、知っているやつに合うかもしれない不安な気持ちがあった！（笑い）酒、ビールすら呑めなかったが、少しづつ呑むようになった。

藤森……屋台の分布と云うか、勢力図はどうだったのかな？

松尾……最初は新宿南口の国際映画館通りに出した。最後は、三光町新田裏で仕切っていた。

関根……南口の一角はいつまでも開発されず、ちょっと怖かった！

森本……五〇円のベットハウスがあった。通称、旭町ドヤ街って言っていたよ。国際映画、昭和館が最近まであった。

長田……「でん八」を出て右側の方。

松尾……屋台からの脱出を考えていた。自分の店を開店するに当たっては、俺も客と一緒になって楽しめる空間を夢みていた。十代の大病から、人生三十歳、と覚悟していたから。

森本……アニキはちょっと違う発想で、経営者の視点があったし、拡大路線を考えていたように思う。

俺は「歌舞伎町・でん八」に、「でん八」原点の匂いを残したかった

関根……次から次に襲いかかる難病で満身創痍ながら、それを感じさせなかったのがアキさん。

森本……アニキは病院好きでよく通ってたよ。医者のネットワークも豊富だったし。呑んで深夜になって「でん八」が最後になると、アニキによく送ってもらったよ。

藤森……俺も府中まで同乗させてもらって、タクシーに乗りついで帰ってた。最後は入院する少し前だったな。

平井……アニキは、店舗物件選びの目が良いんだよな。

根本……「そのに」のあった場所なんか、今一番の繁華街になっている。

松尾……青山店のコンセプトの一つに、六本木辺りから渋谷へ向かって帰る若いサラリーマン、特にデザイナーらを、ちょっといっぱい、居酒屋への発想があった。品書きは中華料理を中心に設定した。

藤森……五十年たって、こうして同じ顔ぶれで喋りあえると云うことが奇跡で、とりもなおさず大変な店だったのではなかろうか、と思っています。

関根……そうよね。メンバーの皆が思っているし。

池谷……ところで、従業員で島根グループの若者が何人かいたのはどの流れからなの。

長田……中サダの関係だよ。

藤森……僕は岩手遠野出身の彼（菊池）が印象に残っている。「遠野物語」の聞き取りをしたので。

松尾……菊池は銀座店にしばらく居た。

平井……バブル地上げ時期の「でん八」はどうだったのかな？

松尾……四郎に従業員・店長として二年余務めた後、店をまかせた。

藤森……「でん八」開店から五年後に「そのに」をオープン。さらに、六年後に「そのさん」歌舞伎町店オープンまで十一年の歴史を辿ると、ここまでが第一勃興期でしょう。

平井……「でん八史」は、ここまでが八割方を占めて、あとはちょっと稀薄になってしまう。

藤森……さて、大変なもりあがりで話はつきません。みなさまによる、この「でん八」生誕五十周年をめぐる座談が、期せずして新宿文化、酒場風俗の一端を浮かび上がらすことになりました。長時間のご協力ありがとうございました。

第二部　「でん八」五十周年に寄せて

「傳八・青山店」開店

アニキ＆アキサンと仲間たち

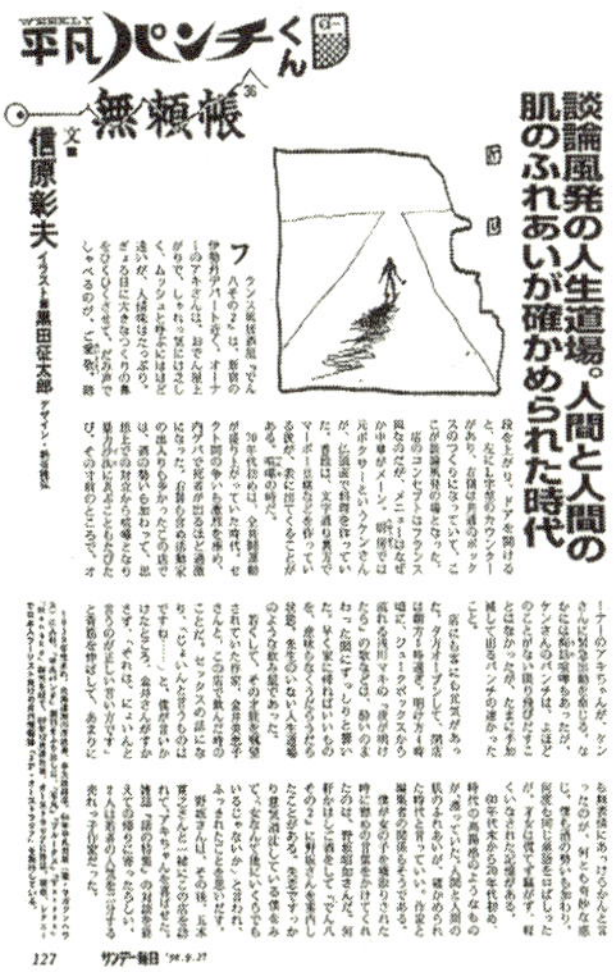

WEEKLY 平凡パンチくん 無頼帳 36

談論風発の人生道場。人間と人間の肌のふれあいが確かめられた時代

文■信原彰夫 イラスト■黒田征太郎 デザイン・新谷雅弘

127 サンデー毎日 '98.9.27

週刊誌の紹介記事

船越、信さん、実さん「傳八・青山店」で

元祖でん八前　シゲさん、クマさんたち

誰！　二見とシゲさんとアキサン

マラソン大会

アキサン、3・11 東日本大震災被災地・大槌町へ

2002年（平成14年）7月21日（日曜日）

TOKYOどんぶらこ

立川談四楼

前座飲み食い横丁

立川談四楼さんによる紹介記事

歌舞伎町店入口

大槌町からの来客とともに

袖すり会った芸能人

森本一成

「でん八」開店初期の時代、いつ行っても誰かグループサウンズ関係の歌手や演奏者が来ていた。当時、店のすぐ近くにジャズ喫茶「ACBアシベ」があり、人気GSバンドが日替わりでステージを賑わせていた。そんな連中が、休憩時間や終演後に食事や飲みに来るようになり、たまにファンの女のコまで混じっていた。

L字型カウンター十人ほどの狭い店内で、そんな芸人たちと身体を寄せ合い、会話も交わしながら飲み食いできるのが「でん八」で過すたのしみでもあった。

新人だった頃の布施明もステージの合間にお茶漬けを食べに来ていたのを何度も見かけたし、連日のように顔を出していたブルー・コメッツのジャッキー吉川は歌手の田川譲二や新人・尾藤イサオなんかも連れてきていた。またリードボーカル〝大ちゃん〟こと故・井上忠夫も後に奥さんになる女性同伴でやってきたこともあった。それにいまや「NHK紅白歌合戦」「ＮＨＫ歌謡コンサート」などのステージで指揮をしている三原綱木はまだ十代後半の若者だった。綱木氏とたまたま席が隣同士になった時、彼がカウンター内のアキさんに「初めて自分でレコードを買いましたよ」と話しかけ、見せてくれたのが、なんと都はるみの、「アンコ椿は恋の花」だった。あまりのアンバランスさにびっくりした記憶がある。

当時の若者たちに超人気だった「日劇ウエスタンカーニバル」。出演できればスターの仲間入り。「でん八」の常連芸能人もほとんどが出演者だった。アキさんが公演中の日劇の楽屋に陣中見舞いに行ってきたと聞いたときは、とても羨ましかった。

そんな日劇常連出演者のなかに、歌って踊れる異色混血グループとして売り出したシャープ・ホークス。なかでもリーダーの愛称トミーこと野澤祐司にはよく店であった。メンバーのリキヤこと安岡力也やサミーこと鈴木忠男もお馴染みさん。トミーとは現在でも交流があり、昨年十二月七日（２０１３年）に横浜ＹＣＣで開催された「トミー野沢のクリスマスパーティー」に、アキさんと当編集委員の節ちゃんの三人で参加し、その場でサミーにも再会、懐かしいＧＳ時代の曲を堪能でき楽しかった。シャープ・ホークスの代表曲でもある「遠い渚」は、トミーのアレンジもあり、いまでも色褪せない名曲である。

余談だが、故人になった安岡力也がファンの女性から逃げるためか、「でん八」の二階の窓から下に飛び降りたというエピソードもあり、勿論、目撃もした。

黛ジュンと結婚して話題になった江藤勲も常連だった。「ウエスタンカーニバル」では、津久美洋とオール・スター・ワゴンでベースを担当。現在では筒美京平、鈴木邦彦など大ヒット作曲家がこぞって彼を指名するという日本一と評判のベーシストである。

店ではいつも紳士的で静かなムードで飲んでいたのが、ドイツ出身の歌手フランツ・フリーデル。ロカビリーグループのなかでもその歌唱力と端正なマスクで人気を博し、カバー曲「電話でキッス」が大ヒット。彼に頂いたサイン入りレコードは今でも大切に保存している。彼は平成一八年に亡くなった。

ほかには、ワイルドワンズの加瀬邦彦、全員集合が始まる前のいかりや長介、フォーメイツの渚一郎、ブルージンズのドラマー工藤ちゃん、その奥さんになった上野の小料理屋の娘サワちゃん、二人はその後、有楽町ガード下で「やきとり屋」を始めた。

小松政夫、ヨーデル歌手大野義夫、それに内田裕也の顔も。いまやメジャーになって活躍している人、引退した人、人生さまざまだが、青春時代に「でん八」で過した懐かしい記憶は私も含めて忘れることはないだろう。敬称は略させて頂きました。


（ライター）

ロック歌手からの御礼！

トミー・野沢

私が「でん八」の兄貴やアキちゃん、コンちゃんたちと知り合ったのが二二、三歳のころだったかな？　ジャズ喫茶［ACBアシべ］によく出演していた頃だったと思う。アシべの隣にキャバレーがあり、一、二度飲みに行ったことを思い出す。当時、ポータブルが売り出された頃で、ホステスさんたちも小さな女性が多く、ポータブルガールなどと呼んでいた頃だ！「でん八」の皆さんには本当にお世話になった。

大してギャラも取っていなかったため、お金もなかった。そんな時、アキちゃんは快くツケで飲ませてくれたもんだ。甘え甘えてその内ツケ扱いも一年に一、二度の支払いにしてくれていた。年末になると除夜の鐘が鳴る前にツケ払いをしなくてはと、池袋のジャズ喫茶が終わると同時にタクシーで借金払いに駆けつけた思い出を今でもよく覚えている。階段を上り二階に行くと、アキちゃんがホッとした顔でニコニコしながら大きな帳面を出し、ツケの額を教えてもらい、支払って、その日から、またツケで飲ましてもらった。大したギャラをもらっていなかった自分には一番うれしかったし、心の休まる場所でもあった。帰りには下に居る兄貴やコンちゃんと一、二分喋って帰る。

また、いろいろな渡辺プロのタレント他大勢の同業者とも知り合い、私の生活の一部となっていた「でん八」の皆様には、心よりお世話になり大きな声で言いたい。

「ありがとう！」七二歳になったロック歌手、トミーより。

（野澤祐司／シャープ・ホークス／ライブ・ハウス＊トミーズハウス夢工房）

信州・美麻村から「でん八」学校へ

竹村幸夫

「でん八」に入学したのは忘れもしない信州山奥の美麻村から上京して間もない春先です。入学式の日のことはよく覚えているよ。田舎から一気に東京の喧騒のなかに置かれ何もかもが刺激的で高揚した気分だった。この時代に初めて「でん八」の店主・マツオ兄弟に会った。創業から半年ほど経った頃です。

池袋雑司が谷に住み始めたばかりで何故だか新宿に惹かれて明治通りのトロリーバスに乗って往復していた。とある情報から、三越裏路地にあった「でん八」に行ったのがきっかけです。新宿に出ては、映画館やジャズ喫茶に入り浸っていた時、ちょっと一杯と食事に立ち寄ったのが「でん八」だった。カウンターには様々な人種が集まっていたが、アニキ、アキちゃん兄弟は優しく接してくれました。

それから「そのに」が新規オープンする頃には、日常生活に馴染んできて、朝方白けるまで飲み、そのまま会社に行くこともあったよ。「でん八」通いに慣れてくると、サンコウチョウ交差点の所にあった「どじょうや」にハシゴするようになり、初めて強い泡盛の古酒を日本酒を飲む勢いで呑みダウンしたこともあった。

また、その近くにあった、飲んで踊れる深夜スナックの「コメディアン」にも通い、アニキとも行ったことがある。とにかく「でん八」で、宵の口からおでんを夕食かつまみ代わりにしこたま飲んで、次の店が中継ぎ、仕上げのローテーションと云う具合であった。

そのなかで色んな人間模様を見てきた。歌手仲間の色恋沙汰、麻雀・将棋の賭けごと、編集取材やカメラマン現場の裏話、本の流通・返品をめぐって…それぞれに得意分野の人が溢れていたナー。田舎出の小僧の成長過程、「でん八」に有り、と言っていいかな…。

（前・河出興産）

克美しげるとロックメッセンジャーズの頃

江藤　勲

小生たしか二十歳の頃だったと記憶しております。…何せ七十歳を迎えさせていただきまして感謝！感謝!! 忘れもしないあの懐かしい「でん八」さんに毎日毎日、お世話になっておりました。当時たしか、克美しげるとロックメッセンジャーズと云う関西から来てたグループだったと思います。すぐ裏に人気ジャズ喫茶「ＡＣＢアシベ」と云う店での思い出話ですが…。

たまたま小生、一番早く楽屋入りしてまして階段に居たとき、実に人相の悪い男が下りてきながら、あの独特な態度でウオーオツ！ヨオーヨオーツとか言いながら、おいここに江藤って言うヤツが居るか？と言いながら…。私ですがと答えると、関東ででかいツラしてるヤツが居るのでアイサツに来たと言いながら一方的にケンカを売られまし。私があなたに何かしましたか？と言うと…。特にどうではないけど…。私も若かったし売られたケンカは買わなければと思い、近くにあった空のビールビンを持ち…。結果、謝られました。
相手は誰？　内田裕也と言うロックンローラ氏だったよ！

（ベース演奏家）

其処は一献の棲家だった！

藤森建二

この夏には、ぼくが半世紀にわたって暖簾をくぐってきた「でん八」が五十周年になる。アキサン、おめでとうございます。

酒を飲むようになって仕事のかね合いもあったが、頻繁に新宿に途中下車するようになった。

七十歳を過ぎて、仕事の節目ができた今日まで、一九六〇年代からの激動の政治、経済、社会、文化の変貌を経験するなか、居酒屋「でん八」とても苦楽のあったこと、例外ではなかったはずです。

「でん八」五十年――。店主松尾兄弟にあっては、心身ともに想像を超えた、多くの累積する事があったことでしょう。

脱サラから始まった松尾兄弟の居酒屋が順調になった頃、ぼくは、松尾ファミリーの結婚式や祝宴に出席させていただき、乾杯や挨拶したことを思い出す。

その頃は、すでに、ぼくはイッパシの常連客に仲間入りしていたのだろうか。

初めての一歩は、屋台を出していた清水芳郎さんに連れて行かれてから。その後、間断なく通いつめていたことになります。

「でん八」の何に、どこにぼくはひかれていたのだろう…。

小料理居酒屋の場合、カウンターの向こう側の主人と、こちら側の会話が絶妙に弾んだり、沈黙であったりするのがいい。「でん八」のアニキとアキさん兄弟の場の雰囲気づくりには天性のものがあった。

後年になってからは、客としてだけでなく親戚つきあい以上の関係にあるように、思うことがある。

親密な関係のほかに、「でん八」に集う誰彼なく客同士のお喋り、ときに咆哮にも接しながら、お酒を重ねるのが、我がならわしにあっている。

「でん八」のカウンターで一緒になる客同士は、一時のコトながら皆が、知人であったり友人のように和んで酒量があがっていく。

若いときは、「でん八」を起点にハシゴを繰り返していたが、今では唯一一献の棲家になってしまった。

だが、今は慕ってきたアニキは逝き、アキさんも引退している。かつての、賑やかさはない。

「でん八」は隆盛すること五十年、ぼくは七十余歳、さてこれから先も、時には止まり木に座らせてもらおう。

二代目・弘史くんよろしく！


（元・未来社／前・洋泉社／NPO大槌の風代表）

恋と革命と「でん八」と

平井吉夫

先ごろテレビで瀬戸内寂聴さんのインタビュー番組を視ていたら、九十歳の寂聴尼がいちだんと声に力をこめて、「青春は恋と革命ですよ！」と喝破しました。

私は膝をたたいて「そうだ！」と叫びました。

十五歳ごろから二十五歳ごろまで、私の人生は恋と革命一色でした。まあ面白い人生ではありましたが、あまり楽しいと感じたことはなかったような気がします。

よく言われるように、青春ってものは苦しきことのみ多かりきで、いわば人生最初の修羅場です。それが一段落したとき、私は不機嫌のかたまりになっていました。

そのころ「でん八」と出会いました。第二の青春のはじまりです。この青春は楽しかったなあ。そのあたりは座談会でたっぷり語られていると思いますが、なんといっても「でん八」の目玉は店主の松尾兄弟、アニキとアキチャンの存在ですよ。あの、客との硬軟とりまぜた絶妙のヤリトリは、作為やマニュアルでできるものでなく、お二人の人柄が自然にかもしだす至芸でしょう。おかげで不機嫌時代の私はどんなに癒されたことか。

そんなオアシスみたいな「でん八」にも恋と革命はありまして、真正右翼のアニキに庇護された左翼青年たちの出撃と遁走の基地にもなれば、ややこしい色恋沙汰のスリリングな演舞場にもなりました。そんなものは卒業したつもりでいる私は、他人の修羅場を面白おかしく見物していましたが、あにはからんや私自身も疲れる恋をしてしまい、お恥ずかしい修羅場を演じたあげく、日本から逃げだすはめになりしました。三十三歳のときです。

五年あまりウイーンで過ごしました。日本では断片的にしか知られないオーストリア・マルクス主義とユーゴ・パルチザン（革命ですぞ！）の現地調査と文献あさりに熱中して、それほど日本が恋しいと思ったことはありません。でも、ときどき「でん八」一号店のおでんのカウンターが思い浮かぶと、懐かしくてたまらなくなりました。貧乏暮らしで縁のなかった日本レストランに初めて入って熱燗をひとくち含んだとたん、どっと涙が噴き出したのも、刷り込まれた「でん八」体験の反射作用でしょう。

あちらでできた子供を連れて帰国したときは、もう四十歳に近くなっていました。

それからの「でん八」通いは歳相応に穏やかになり、細く長く付き合っているうちに、いつのまにやら後期高齢者になってしまいました。その間にアニキが亡くなり、二見君をはじめ昔なじみの常連もぽつりぽつりと鬼籍に入っています。私も古稀を迎えた年に生死の境をさまよい、消化器を半分近く失いましたが、さいわい酒量は元のままなので、あの階段を昇れるうちは「でん八」に通い、遙かなる恋と革命の余韻にひたらせてもらいます。

（翻訳家／福島原発行動隊）

私的「でん八」体験

長田設男

さっそくですが、私の知っている範囲のこと、記させていただきます。これは、私の「でん八」での体験というか、巡り合ったことを、記憶のあるままに書いたものです。

そのなかで、一、二、三私なりの思い出というか、この辺はまず正確だろうという、個人的な「でん八」体験を最初に述べておきます。
一　私を「でん八」に連れてってくれたのは、竹村さん（竹さん）です。バイト先の責任者だった人で、それからずいぶん長い付き合いをしていただきました。二番目の妻と結婚前「その三」に行って、竹さんに会うことがありました。ふっと姿を消すので、どうしたのかなと思っていると、「その三」の角にあるアイスクリーム店で、アイスを買って来てくれて、「食べなさい」なんて。そんな優しさのある人でした。
その頃の「でん八」は、銚子三本に、鯵の叩きで400円弱。学生でも〝新宿〟で飲めるのが嬉しかった。当時の高級日本酒「剣菱」は100円でした。当時はまず、コップに冷酒でもらって、あとから氷を入れてもらうという、非常にセコイ飲み方をしていました。そのうち、始発電車で帰るのが、当たり前みたいになっていきましたが…。

二　大長田、中さ田、小さ田）のこと。

〝サンサダ〟が揃ったのは、「そのに」ができてからだと思います。もっとも三人の長田は、あまり面識もなく、顔を見て挨拶する程度の関係でした。ただ、マスターのアキちゃんが、伝票の名前に大長とか中長とか書いていたのですが、大長がある夜、伝票を見たらデブ長と書いてありました。こういう遊びを平気でやったり、やられたりしてました。

新宿駅が明るくなるころ、道路に出してある料理屋の大きなポリバケツを、二見、中長、大長なんかが、道路の真ん中に並べて、それをタクシーが、はね飛ばすのを見て、喜んでた、なんて悪戯を何度もやった覚えがあります。

（フリーライター／真言宗大谷派僧侶）

「でん八」は青春の一通過点だった！

原　政文

もう五十年たちましたか！早いものですね。「でん八」は私にとって青春の一通過点でした。あの頃が懐かしいです。色々の事が走馬灯のように想い出されます。

アキさんに初めて会ったのは、私が大学四年の頃、花園神社のそばで、屋台を出していて、たまたま通りすがりに寄ったのが縁で、何か馬が合ったのでしょうね。私が社会人になってから、アキさんに「今度、店をもつから飲みにこないか」と。あの狭い急な階段を上って細長いカウンター、おでんの釜だけ、あとは何もなし。月に二回ぐらい飲みに行ったのかな。料理はおでん以外覚えていません。冗談のつもりで「松茸はあるかな？」と言ったら、次の時に用意してあるのには驚きましたね。

なんとか勘定は払えたようです。

あの頃、ロカビリーが流行っていて、近くにロカビリーの店？があって、スパイダースのメンバーや尾藤イサオなどが飲みに来ていましたね。その頃東京オリンピックがあり、オリンピック一色で盛り上がっていましたよ。

店で覚えているのが、初めての頃、若い威勢のいい板前さんがいたなあ、すぐやめたような気がする。あとは、毎日「でん八」の二階を事務所のように使って、飲んでいた人がいましたね、大きな声の人、名前は忘れましたが。その頃でしょうか、日本の経済もどんどん良くなったのは、「でん八」も流れにのって、「そのに」今の「でん八」(歌舞伎町店)、青山店、銀座店と。私はその頃、札幌に転勤になり、向こうで結婚し、式は東京で、その時アキさんを招待して、喋ってもらいました。初めてのせいか、固くなって真面目なことを話してくれました。普段のアキさんとは違っていて、私にとってはラッキーでしたがね。今の「でん八」の時招待されました。今までの「でん八」とは少し雰囲気が違っておりましたね。その頃から、お兄さんとよく話しました。お兄さんの話、面白く、また含蓄のある話も。私が六十代の頃は、お兄さん酒を飲まず、お茶ばかり飲んでいましたね。私が四十代の頃中学校の同期会の二次会を「でん八」で行いました。人数は六十名位、店は人で溢れ、ぎゅうぎゅう詰め、よく入ったものだと思います。多分一日で入った人数は今までで最高記録ではないでしょうか？　その頃「でん八」にはたまにしか行かず、でも行くとお兄さんは快く歓待してくれました。

ある時、私の携帯に、お兄さんが亡くなった知らせがあり、ビックリしました。

淋しくなりましたね。お兄さんに最後に会ったのは、息子さんの神宮外苑店の開店の日かな。この四、五年、私も年金暮らし、家が遠いので飲みに行っておりません。突然の「でん八物語」懐かしのあまり、拙文ですが筆を執りました。

「でん八」は、私の青春です。決して忘れることはありません。息子さんの弘史君、これからも頑張って「でん八」を守っていって下さいね。

編集委員の方々ご苦労さまです。

（近頃、山にまた登り始めました。も少し長生きしたいと思っています。）

「でん八」物語

落合庸人

久しぶりに明ちゃんに会った。永田昌民の通夜の席で骨ばった鼻の高い皺だらけの年取った男の顔を見た途端「オー久しぶり」「オー……」。先輩に向かって「元気そうじゃん」と昔のまんま、話を始めたら止まらない。帰りに立ち寄った居酒屋では片山や小畑も加わって、「永田はサー、あの時はアーだった」と思い出話をするうちにドンドン昔の事が湧き上がってくる。結局、翌日の葬儀の後も昔話は止まらない「一体いつまで話しているんだろう」と思いながらおしゃべりしたね。明ちゃんは殆ど声が出ないのに会話が成り立っているんだよ。

俺が毎日のように通った「伝八」は酒を飲むのが主なのか?客同士が駄弁るのが主なのか?どっちとも言えないような店だったように思う。人に会い、友達になったり、いざこざを起こしたり、変化に富んだ男と女の組み合わせがあり、面白い人に会えてとにかく退屈しない店だった。何が魅力なのか?不思議な店だったね。確かな事は明ちゃんと兄貴のキャラが面白かったことかな。

「でん八」に最初に連れてってくれたのは芸大寮で一緒だった平ピンで「新宿に面白い店を見つけたから行こう」としつこいので付いて行ってからボチボチ通い出したね。その後、住宅公団で働きだして職場仲間の斉チャンや福助達とひたすら通い飲んだ。〔でん八〕が三軒に増えたのはいつ頃なのかな？　最初に通った本店では狭くて急な階段の下に在った三角天井のトイレに酔っぱらったお姉ーさんが飛び込み、暫くすると勢いのいい音が聞こえてくるんだね、度々、聞かされたよ。また、二階のL字型のカウンターの硬い椅子に長く座ると尻が痛くなり、後ろに凭れる姿勢を取ると膝が持ち上がって楽になるけど、ミニスカートは奥まで丸見えだったって事みたいよ。これは兄貴に聞いた話、「けっこう楽しませてもらった」だって、俺知らなかったよ。俺達はおでんをつまみにビール、日本酒を飲んで、それに飽きるとウイスキーを飲みに外へ出るのがお決まりだった、この客を逃す手は無いと兄貴と明ちゃんが造ったのが末広町「でん八そのに」だ、ウイスキーのボトルを専用の棚にキープしていたのもあの頃としては珍しかったね。

　この企画を聞いて新店舗の設計をしたのが芸大建築科出身の片山や小畑に俺達で、真夜中に我々の師匠だった茂木先生の事務所へ潜り込み図面を描いて工務店へ指示、着工したら時々事務所を抜け出して現場に行き、工事の手伝いをしながら竣工を迎えた。オープニングには樽酒の飲み放題をするというので、常連客に加えてすごい人数が来て階段下の外にまで溢れ、路上でビール箱の上にテーブルを造って飲み、騒ぎ続けた。近所ではその混雑ぶりが評判になり「どんな店か?」と覗きに来た同業者は何の変哲もない白木の板を横貼りにしただけのシンプルなインテリアデザインに「何これ?」。しかし、このインテリアも永田が拘ってベンチを布にしたため、直ぐに汚れてビニール張りに変えられてしまった。この後にオープンした歌舞伎町は永田が設計し、銀座は秋山が設計したのかな。

この話には後日談あり。その頃、「そのに」のお客だった若いカップルから中野駅前のサンプラザ通りに「同じようなお店をデザインしてくれ」と頼まれ、そっくりのお店を造った。開店の際は1週間手伝いに通ったが、この店が繁盛したかどうか俺は知らない。

流石の「でん八」でも何時も面白い話題が転がっている訳では無かったので、無理やり創作される事が有ったね。俺は何にも知らないのに「落合が女に腹を刺された」という作り話が広がった、最初に言いふらしたのは福助だ。出張で東京を不在にしていた1週間は怪我で入院していることになっていて、何も知らずに「でん八」に顔を出したら「オイ大丈夫か?」と明ちゃんに聞かれ「エッ?」とビックリ、そしてニヤニヤ。店では暫くこの噂で持ちきりになっていた、その後「傷は無かったわよ」と余計な報告をした女子が「なんでお前が知っているんだ」と問われ言葉に詰まったという落ちで収まった。

この頃は一日も休まず連続三〇〇日通った記憶（記録）がある。晩飯は「でん八」で毎日済ませていたし、日曜日には明ちゃんが休んでも昆ちゃんと夕方の開店から夜中の閉店まで付き合ってた。当時は南青山から自転車で往復していたので、真夜中に酔っぱらい運転で交番に止められ、乗り物が盗品では無いと判明するまでおまわりさんと世間話をしながら一時間は足止めされていたな、今なら飲酒運転で罰金だね。

芸大仲間とスキーに行く時は夜行列車に乗る前にしっかり飲み、満員列車の床に寝て翌日の早朝に雪景色を見るような計画なので、次第にスキー部の学生やOBがゾロゾロ伝八に出入りするようになった。新宿東映の深夜映画を見る前に腹ごしらえをしたり、新宿のデモの時は店から出たり入ったりして一晩過ごしていた。

その後、横浜の現場へ通う事になり定期便は止めたが、奥さんや息子さん達と青山球場で家族ぐるみの野球をして付き合っていた。その息子さんから一筆書けと言われて筆を執ったけどこんなところかな、明ちゃん宜しいでしょうか。

（株・落合街づくりコーディネイト）

大雪のなかタクシーで…!

永田祐子

原稿の依頼があった十一月頃、永田は体調を崩し書くのを渋っていました。「書きたいことがあれば私が代わりに書いてあげるから」そう言いながらゆっくり話を聞くこともせず、永田は十二月一四日に鬼籍に入ってしまいました。「アニキ」や「アキちゃん」に感謝の気持ちも伝えたかっただろうし、また建築家として足元のしっかりしていなかった頃の拠り所として、うさも愚痴も聞いていただいたお礼もきっと言いたかっただろうと思うのです。お二人にも永田にも申し訳ないことをしたと思っています。

永田にとって「でん八」は、普段ご無沙汰をしていても、気心の知れた親類のような存在だったに違いありません。「でん八」に行っていた、〝アニキ〟と一緒だったと言えば、ご帰還が明け方になろうが許されると思っていたようで、悪びれもせずよっぱらって、何やかやとわけのわからないことを言っていました。

私が一緒にお店に伺った時はいつもきまって、永田がいかにいい男であるか、というほめ言葉ばかりでした。その裏には、私に対して「だめな男だがよろしく」といった、兄貴としてのかばうやさしい気持ちがあったのでしょう。

今から四十年前に、私は長女を出産しました。その日は十数年ぶりの大雪の日で、都内の交通機関は完全にマヒしていました。そのなか〝アニキ〟はタクシーで病院まで駆けつけてくださいました。私は大変恐縮しました。それまでただの店主とお客の付き合いだと思っていましたから……。たぶん、かわいい姪が生まれたような気持ちでいてくださったのに違いありません。

〝アニキ〟の逝去の知らせを受けたとき、悲しみはそれは深いものでした。その頃は仕事も忙しく、なかなかお店に顔を出す機会がなかった頃でしたので、悔いる気持ちが大きかったのでしょう。

今、私はなんとなくほっとしています。きっと長い間の空白を埋めるべく二人は、空の上で大いに呑み大いに語り合っていることでしょう。


（校正者／永田昌民夫人）

「でん八」と「コメディアン」

市川辰夫

私が初めて「でん八」に飲みに行ったのは、47年前、26歳の頃でした。

古きよき第一の友人森本氏と行った店はジャズ喫茶「ACB」の裏の細い路地裏の二坪ほどの店、一階にアニキと若衆のコンちゃんが、二階に細い階段を上がるとカウンター六～七人の席で中にアキちゃんが、おでん鍋の前で「いらっしゃい」と明るい笑顔で声が大きく背が高くヒゲを生やしてた記憶があります。客はバンドマンや若い女性で一杯でした。

その後、私は「でん八」の近くの新田裏に、その頃はまだ都電が走っていましたがその通り沿いにスナック「コメディアン」を開店しました。店に毎晩来てくださったのが「でん八」のお客様でした。「でん八」は十二時頃閉めるので、アニキやアキちゃんはお客を回してくれました。まるで「でん八」の姉妹店かと言われたことがありました。

しばらくして「でん八」が区画整理とかで、アニキが歌舞伎町店を出し、さらにしばらくして、アキちゃんが青山店をオープン、そして現在…。

私は一七年前に三十年の店を閉めましたが、「でん八」は私の一生に大きな力を与えてくれたことになります。アニキ、アキちゃんありがとうございました。

（元・スナック「コメディアン」）

私と「でん八」との思い出

奥　進

私と「でん八」との出会いはまだ駒沢大学野球部に在籍していた頃でした。学生帽に学生服姿である人に連れられて三越裏の細い路地をちょっと入った小さな入口。一階には大村昆によく似た通称コンちゃんが働いておりました。そのコンちゃんもユニークな人物で今でも鮮明に覚えています。そして細い階段を登り小さなカウンターだけのおでん屋を紹介されたのが始まりでした。

不思議だったのはお客さんがカウンターのマスターを兄貴、兄貴、と呼び注文していることでした。第一印象ちょっと〝アブナイ〟店かなァと思ったぐらいです。でも私もすぐに兄貴と呼ぶようになるのも時間はかかりませんでした。兄貴も「オイ、ススム、ススム」と可愛がってくれ相談にも乗ってくれるようになったのも嬉しかったものです。

その頃、アキさんは開店したばかりの「でん八・そのに」のほうで営業されており私も両方の店に行くことが常になっていきました。アキさんの話術の素晴らしさ、やさしさは今の私の商売の原点になっていると思います。それから45年経ち私の青春時代のすべてが「でん八」から始まったのも過言ではありません。

また、いろいろな人たちに出会うことができたのも人生の宝物となっています。

大学教授、タレント、ミュージシャン、そして芸大の学生さん。そのなかでも自宅が近いこともあり四十数年余り家族同様付き合いさせていただいた、飯田の重さんに会えたのも幸せに思っています。でも、最後を見届けられなかったことが今でも淋しく、辛く、悔しい思いでいっぱいです。

私も、未だ王子で飲食店ダイニング・バー・ザGを三十年余り続けており息子二人が主になって頑張っています。

「でん八」五十周年記念行事がありましたら、是非お知らせください。皆様に会いたいと思っています。

（ダイニング・バー・Ｔｈｅ Ｇｈｅｔｔｏ）

日常と非日常の狭間で……

杉本貴志

僕は旅が好きである。と言っても、下調べをしたり丁寧に準備をするといった風ではなく、仕事で出かけた所のまわりを、少し足を伸ばしたりと言った事が大半で、人に自慢するほどではない。

しかし、年をとるという事はそういう事も結構重ねてきていて、また仕事柄海外、特にアジアは行く機会も多く、中国・韓国・ベトナム・タイ・インド・インドネシアの各地、と言っても多くは街の路地裏や中古・骨董店をひやかしながらの旅なのだが、これが結構面白くて楽しみになっている。

五年ほど前に足を痛めてから、日本でも青森・岩手・秋田・山形・宮城の辺りを車で数日かけながらゆっくりと廻り、馴染みの骨董屋や地の料理屋に顔を出し地の酒を飲むのが楽しみになっている。

多分、僕にとって人生は旅のようなものなのであって、仕事をし、旅をし、その地のものを食べ、古い家具や骨董を探す事が日常であり違和感がないのである。

長い間インテリアデザインと言われる仕事を続けてきたが、ヨーロッパ・アメリカの近代都市文化よりもアジアを軸とした僻地に強く惹かれ続けている。

今思うと、そうした気分の第一歩が「でん八」だったように思える。

頻繁に「でん八」に出かけていたのは三越裏にあった、入って階段を登ったカウンターの小さな店で、20代の後半から30代の前半の時であったか。

今から四十年位前の事で、そこで少々おでんとか日本酒をやって、兄貴となんとなく話をして、少し余裕があれば2丁目の方に歩いて「あきちゃん」のやっていた「そのに」に寄る事が決まりのような日々であった。

そこで大概知っている顔に出会い、その後ゴールデン街か二丁目に行くことも多かった。

今考えると、僕はこういう風に過ごしたのだが、客は洋画家・日本画家・彫刻家・建築家・音楽家・小説家・大手代理店に勤めていたり、編集者であったり、カメラマン、僕のようなデザイナー志望であったりで溢れていた。この中で育ったようだ。

と言っても特別な事はなく、人生も普通だったし事件も有ったわけではない。

敢えて言えば、デザイナーの卵として社会を少しずつ齧り掛けていた時期で、その方では気を抜く立場ではなくあれこれ失敗したりぶつかったりしていたが、「でん八」にある種の日常感を感じていたようだ。

仕事として向かい合っていたデザインは、ある意味「日常的ではない事」を目指し、どうやってそこから抜けられるかを常に思考していたようだが、であるからこそ、その対極としての確実な、リアルな日常感が必要であったのだろう。

その後、時々思い浮かべる「兄貴」や「あきちゃん」の顔は、なぜか今でも優しいのである。

（インテリアデザイナー／株・スーパーポテト代表）

青い春

増田政巳

青い春という人生の季節が青年期にあるとすれば、わたしのその期もまた青いものであったと、枯葉色の歳を迎えた昨今、いくらかの含羞のまなざしをともなって振り返っている。

その季節の少なからぬ時間を、わたしは「でん八」のカウンターで過ごした。

駆け出しの編集者として、われながら勤労者と思えぬ自由な時間があったこともあるが、夕闇が訪れると、新宿東口中央通りの路地を入った店の狭い階段の上に足が向いた。

気の置けない先輩や友人そして著者といっしょのときもあったが、ひとりの日も多かった。階下にアニキが、カウンターの向こうのおでん鍋の傍にアキちゃんがいれば十分だった。

アニキは、ときたま二階から降ってくる注文に応じて料理をつくっていたが、小さなテレビの前でナイターのヤクルト戦を観ていることもあった。アニキがそこにいて、気合の入ったがらっぱち風の声が二階に立ちのぼってくるだけで、店全体にどっしりとした重みと安心感を与えているように、わたしには思えた。

アキちゃんは、おそらく生きることに屈託をかかえているであろう酔客の心を、大きな寛容さと深い交情で包み込み、温めた。

編集者は、著者と本の打ち合わせや進行の確認そして雑談のために酒処を使った。しかし、わたしには、そうした仕事を「でん八」でしたという記憶がまったくない。著者との打ち合わせを終えて河岸を変えるとなると、ゴールデン街その他の飲み処に移っていった。「でん八」は、わたしにとって仕事の場ではなかった。友人や、ときにはひとりで、アニキとアキちゃんの醸す空気に浸りながら安らぐことを自分に許した、たったひとつの特別な場所だったのである。

しかし、春の実が熟れて、やがて地に落ちるように、青い季節が移り過ぎていくと、わたしの足も次第に間遠になっていった。

この時期に手にしたかけがえのない果実は、ほかのどこにもなかったと思う。その濃厚で、しかも大気のようにとりとめのない内実を捉えて表現することはむつかしいが、わたしの青い春の時が「でん八」とともにあったのは、まぎれもないことであった。

（元・三一書房／フリー編集者）

つらつら記憶を掘り起こし……

伊崎秀雄

えっ！　五十年、ウーン？　そっかぁ、そうだよね、私も既に高齢者の一員だからなぁ〜。五十周年おめでとうございます。

初めてクリーニング屋の角を曲がって直ぐの、提灯が在ったような、無かったような、暖簾を潜り引き戸を開け、「でん八」に入ったのは学生時代。

学園紛争が起こるすこし前の平和な時期、高校時代の後輩で当時売れっ子のモデルをしていたウチダ君の案内でした。店に入って直ぐにアニキと目があったね。

板前の格好のうえ無愛想な顔で睨んでいた。東京の田舎者にとってはどうみても違う業界の人だと疎んじていたら、ウチダ君が狭い階段を二階に引っ張り上げてくれた。カウンターの中から優しそうな笑顔で我々を迎えてくれたのがアキちゃんです、ホッとしたね。もっとも直ぐにアニキの顔にも慣れ一階の奥（非常に狭い）で話ができるようになり、アニキが「そのさん」に出る頃からはアニキの武勇伝を聞いたり、こっちの愚痴を聞いてもらったりと、いろいろな話をさせてもらい楽しいひと時だったなぁ。

さて、「でん八」の二階は七〜八人？入れば一杯になってしまいそうなかぎ型のカウンターだけのシンプルな店でした、同世代の男女が楽しそうに飲んだり食べたり、堅気の職業の人はあまり見かけなかったような気がしますね。アキちゃんは我々にとっては何でも話せる兄貴のような存在で、店の雰囲気はアキちゃんの人柄がにじみ出て、居心地の良い雰囲気を醸し出し、お陰でお客同士も片意地張ることも無く、好き勝手が言えて且つ言い争うことも無く、お金があっても無くてもひと時を楽しく過すことができる最高の場所でした。

バイトの帰り、スキーツアーの打ち合わせ、デート？等々、よく「でん八」に通いました。学園紛争が激しくなり学校へ行くことは減りましたが、「でん八」にはきちんとよく通ったね。友人達と企画したスキーツアーでは、当時馴染み客のマドンナ的存在だった和ちゃんも誘って、いろいろ手伝ってもらううち、私どもの先輩と一緒になってしまったね。ついでに言えば私も奥さんを確保し、アキちゃんには結婚式に列席してもらい何かあったときの後始末をお願いしました。

「そのに」が末広亭の近くに開店したのは私が社会人になる少し前でした。

「でん八」で飲んでから「そのに」に行くか、「そのに」に寄ってから「でん八」で飲むか、選択肢が増えました、もっとも両方とも混んでいて外で待たされたり、といったことも何度もありました。

「でん八」では日本酒におでんが定番でしたが「そのに」ではウイスキーに中華風のつまみになり、人生初めてボトルキープ（サントリー角）をし、少し大人の仲間入りをした気分を味わいました。「そのに」では、お店に入ったら飲むより先に、まずジュークボックスの曲をセット、一曲目は、〈唐獅子牡丹〉二曲目は〈人生劇場〉これは定番、次は当時流行っていた由紀さおりの〈手紙〉とかをセットし、それから飲み始めましたね。

この頃より、のみ仲間も友人達から仕事関係が増えていきました。そういえば、「そのに」で忘れられない出来事がありました。四～五人で飲んでいて最終電車も無くなり始発まで飲み続けようということになり、飲み過ぎというか興に乗ったというか、何故か踊ろうと衆議一決しテーブルを端に寄せスペースを確保し踊り始めたところ、アキちゃんが渋い顔をして半ば諦めた顔をして眺めていました。

後にも先にもあのような顔は見たことがありません。この機に紙面をお借りしてお詫びします。ご免なさい。今更遅いか！

いろいろ話題は尽きませんが枚数を既に越えているようなので、それは百周年の時にします。

（週に二日ほど会社に顔を出して、今とつながっています。）

あの頃の、あきちゃんは粋でまぶしかった！

西村佑子

「でん八」は私の青春に登場する大切な記憶のひとつである。『新宿・でん八物語』ができると知って、心待ちにしていた。私は年号や場所を覚えるのが極度に苦手なので、記念誌を見て、私の記憶をそこに織り込んでいこうと思っていたのだ。ところが、私にも一言という仰せがあり、困ってしまった。しかし、それはとても光栄なことなのだと思うことにして、苦手な回想文に取り組むこととした。

私の「でん八」通いは三越裏の狭い階段の上の「そのいち」からはじまり、末広亭前の「そのに」、青山店、銀座店にも数回、そのあとはもっぱら歌舞伎町店「そのさん」だった。どれも藤森さんに連れていってもらった。親からの仕送り（飲み代が入っているわけはない）で生活していた私は藤森さんによくご馳走になったように記憶している。そうでなかったら私と「でん八」との縁は続かなかったのではないかと思う。

おにいさん、あきちゃん（と私は呼んでいた）のお母さんが高橋義孝のお嬢さん（？）だったとかで、「そのさん」では、おにいさんとよくドイツの話をした。

藤森さんの尽力で私の著書を洋泉社からだしていただき、出版記念会までしていただいたとき、おにいさんとあきちゃんが参加してくださったのでびっくりした。

また、私が荻窪に住んでいた頃、終電に乗り遅れて、おにいさんの車で送ってもらったこともあった。おにいさんは、商売心ではなくて、誰にでもそういうことをする人なのだということをあとで知り、すごい（意味不明だが）人だと思った。

三十年も昔のことだが、たまたま知り合いになった女性がかつて新宿に行きつけの店があったのよ、と懐かしそうに話したことがあった。それが、なんと「でん八」だったのでびっくり仰天した。おにいさんにその話をしたら、彼女は三越裏の時代にかなり頻繁に通っていたと話してくれた。今は彼女の名前も忘れてしまったが、今回の記念誌のことが彼女にも伝わっているといいのにな、と思う。

そういえば、一度だけ友人と一緒に青山の「傳八」に行ったような覚えがある。

カウンターにいたのはあきちゃんだったか。その頃のあきちゃんはとても粋で私のような田舎娘にはまぶしかったな。

「でん八」で一緒に飲んだり、話をしたりした人々の顔が浮かぶ。二度と会えない人も増えてしまったが、それもありなのかもしれない。五十年前の私だって、もういないのだから。ふっと飲みたくなったとき、新宿に行けば「でん八」がある。今、私と新宿結びつけているものはそれだけかな。

（ドイツ文学者にして魔女研究家）

「遺稿」でん八のこと

柳田昭彦

　ここ数年は、神田ですますか中野に降りることが多くなって、「でん八」に寄ってないな…。特にアニキがなくなってからは、年に一、二度かな。一九七〇年前後の南北社、池田書店の頃は深夜まで飲み明かしてたこともある。女房の親戚、金井美恵子（詩人）が居たのも、その頃かな。また、高校から付き合いのあった久世に、久しぶりに偶然会ったのも「でん八」だった。彼とは、十年前にガンで入院中に鉢合わせしたのも同じ病院だったよ。（笑い）
　とにかく、集まる客は多彩で、珍しい再会をもたらしてくれたし、アニキと面しては「ウマい酒」をきこしめしたものだよ。今の仕事になってからは、新宿から足が遠のいていったかな。
　でも、この前などは、新宿オペラハウスについてのヒアリングを、村田さん（ジャパン・アーツ）にさせてもらったことが直近にあった。「でん八」には彼のような若い世代も集まってきている。今や正真正銘の年寄りの部類に属することを知らされることになる。
新宿歌舞伎町（旧スカラ座トイメン）には「でん八」があるってこと、忘れない。

（株・ユニ・プランニング創設者）

「でん八」物語は小さなジャズ屋から始まった!

池谷節子

今回「でん八」五十年周年記念に何か一筆を、と言われ、「うウウゥ〜ン」と。

何せ一杯呑みながらのおしゃべりと違って、文章でとなると何から書いていいのやら…余りにも数々の思い出が…オマケに文章が苦手ときた。まあ思い出すままに、断片的に綴ってみます。

先ずは、「でん八」を知ることになった話から〜。私は二十代に上京して直ぐにもともと興味深かった音楽（特にジャズ）を聴きたくて、当時一番ジャズ屋の多かった新宿を徘徊するようになっていた。そのなかで私がお気に入りのお店が新宿駅東口正面のビルの地下二階にある「CAT」であった。そのお店のマスターのオオタちゃんが仕事を終えると、夜な夜ななじみの客たちを引き連れて行くお店が三越裏通り路地にあった「おでんのでん八」だったのである。

その「でん八」のオーナー松尾兄弟が九州佐賀の出と云うことで、私も鹿児島出身でつい話し込んで長居することが多く、元々人見知りしない性格ゆえに、つい回りの客たちにも声かけしていたら、やはり九州熊本出身の「えみちゃん」と云う同世代の女性と意気投合、「CAT」の仲間に関係なく通うようになったのである。

そのえみちゃんとは、その後開店した「そのに」「そのさん」「銀座店」「青山店」となんと三十年間も飲み歩いた仲間であった。が…。

その後、自分の職場の仲間たちと各々の店で、やれ「忘年会」「歓送別会」「祝還暦会」「結婚式二次会」と、松尾兄弟の素晴らしい歓待に気をよくして利用させていただいた。

今ではもう職場もリタイアして70代になってしまったけれど、私の「でん八」通いは生きている証にもなっている。もちろん「CAT」通いもまだ続いているのである。

そして「でん八」とは、そこで働いていた人たち、出入りしていたお客たちの様ざまな人間模様が松尾兄弟を中心にした大きな家族の歴史のような気がしてならない。

残念ながら、役者みたいな声と、素敵な笑顔で迎え入れてくれてたお兄ちゃんは今は居ないけれど、弟の会長・アキさんと長男のコウジ店長の笑顔が変わりなく迎えてくれるのがうれしいのである。

最後に「でん八」にはこんな唄が似合いそうで、抜粋してみました。

「時代」

……そんな時代もあったねと
　いつか話せる日が来るわ
　あんな時代もあったねと
きっと笑って話せるわ
　だからくよくよしないで
今日の風に吹かれましょう
　まわるまわるよ時代は回る
喜び悲しみくり返し
　今日は別れた恋人たちも
生まれ変わってめぐり逢うよ
　めぐるめぐるよ時代は巡る
別れと出逢いをくり返し

今日は倒れた旅人たちも
生まれ変わって歩き出すよ…

（中島みゆき）

追伸　どうしても逢いたくて…
前出の「えみちゃん」とは二十年以上、音信不通。いま、何処で…。

（旧姓・馬場薗節子／前・日冷工勤務）

「でん八」とスミダちゃんと私

住田愛子

「でん八」五十周年おめでとうございます。

二六歳の頃、親友のミエに連れて行かれ「でん八」デビューでした。よく行っていた「その一」、「そのに」の思い出を書きたいと思います。「その一」トントンと二階へ。カウンターしかない店内はいつも混雑していた。長くて狭いカウンター！　人が出入りするたびにイスをずらしてもらわないと通れないほど狭かった。トイレに行くとなると壁側を通してくれない人もいて、もみ合いへし合のおしくらまんじゅう状態になり通り抜けるのが大変だった記憶がある。そんなカウンターで食べたおでんの味も忘れられない。「しろうちゃん、大根と厚揚げと…」と注文すると菜箸でおでんの鍋を叩きながら手際よくお皿におでんを入れていくしろうちゃん！カッコ良かったなァ。あの狭い空間で肩と肩を触れ合いながら呑んだあの熱気が今は懐かしい。

「そのに」最初は大人の仲間入りしたいのと渋いマスターアキちゃんにあこがれて行っていたと思う。主にカウンターに座り、お約束のように角の水割りと青椒肉糸、中華風冷奴を注文。そして一杯飲んでジュークボックスへ。かける曲も決まっていた。うつろな愛、愛がすべて、京都の恋など…とにかく居心地が良かったのと本格的中華が食べられることもあり友人のミエと週に一回は必ず行っていた。

その内、常連中の常連の芸大卒の仲間たちと話すようになったのだが…まさかそのなかに人生のパートナーになる人がいたとは夢にも思わなかった。そのころ彼のことをスミダちゃんと呼んでいたのだが、ゆっくり話したり一緒に飲んだ記憶がない。なぜなら彼はいつも右手をちょっと上げ「お先に」と一人先にお店を後にしていたからだ。そんな彼と十数年たっておでんの「しろう」で運命の再会！そして一年後にゴールインした。改めて出会いの場所である「でん八」に感謝したい。

たくさんの楽しい「でん八」での思い出！　スミダちゃんと一緒に語り合う事が出来ないのが残念です。大好きだった「でん八」。彼はどんなことを書いただろうか?・?・?・だ。ただ「でん八」で生涯の友と知り合ったのは間違いない。野球に空手、海に山にと楽しそうに友達と過していたのを覚えている。「でん八」のお陰で彼も私もたくさんの青春の思い出と素敵な友人をつくることができました。ありがとうございます。そして五十年という長い歴史のなかで「でん八」で過した人たちの絆が今も繋がっている事が本当に素晴らしいです。

「でん八」万歳！

「でん八」の皆さん！これからもよろしくお願いします。


（ガラス作家）

手塚和男さんと「でん八」

飛柿マチカ

「でん八」五十周年の歴史を語れば、あとで登場してきますが今は亡き手塚和男さんのことを、書かねば語れません。文を書くのが非常に、苦手な私に書けるのでしょうか？　私にとっては、約四十年ほど振り返り、よく思い出しながら何とか前に進めて行きたいと思います。

さて、私は、本名はヒガキマチカ、芸名MACHIKAと申します。大阪で歌っていたところをスカウトされましたが、「東京で勝負したいんです。」と言ったら「解ったっ！」と言って一枚の名刺を頂きました。そして上京したのは一九七一年一九歳の時でした。知り合いは誰一人居ず、母からもらった、五万円を握りしめ、新幹線「こだま」に、飛び乗っていました。着いたものの右も左もわからず大きな荷物を持って、銀座・新宿・上野と電車に乗ったり、下りたり歩き続けましたが、結局上野駅近くの公園のベンチに紐で片足をくくりつけ、野宿を経験。

二、三日目には、代々木公園にお世話になり、これ以上は一人でプロダクションを探すのは無理と判断し、やっと名刺のことを思い出し、電話しました。

「ハイもしもし、〈エトアール・アーティスト〉です。」「えらいハイカラな名前の事務所やなァ」と思いつつ「今、大阪から着いたマチカですが…」。

この先長いので省略します。

最初に「でん八」に連れて行かれたのは、三越裏でした。必死で大人びた振りをしていましたが、あの暖かい「おでん」と「熱燗」を目の前にしたときに「ドッカーン」と頭から殴られたような衝撃を受け、もう涙が止まらなくなって、大声を上げて泣きつづけていました。「てーさんなにか言ったの?」って、お客さままで心配してもらいました。手塚さんも、あんなにビックリしたことはないと言っていました。それからアキさんが居た「中華Bar・でん八」とでも言っておきましょうね。焼きそばがおいしくてよく食べて、アキちゃんとも、その頃はだるま水割りを飲みましたよね。いつもやさしい顔で、人気者でした。

それから半年、また私ごとですが、あることがきっかけで、読売TV番組の、プロもアマも出場できる「全日本歌謡選手権」十週勝ち抜きチャンピオン(二六代目)あの大スター八代亜紀ちゃんと同期です。レコードデビューもしましたが、あまりレコードは売れませんでしたが、日本中どこへ行っても、声をかけられて応援してもらいました。感謝しています。新宿の仕事場は多くて、クラブリー・ムーランルジュ・ルィード・ムーラン・ドール・スカーレット他と忙しい日々、打ち上げは必ず「新宿でん八」でした。

おやじさんとの会話はあまりにも多く、書ききれませんが、一九七四年長島引退、手塚さんは大ファンで、立教大の先輩でもあり、ショックで浴びるように酒飲んでいました。おやじさんも頭にきて、出入り禁止も何度かあったようです。

私は横目で見ながら、「でん八」といえば鰯でしょう！　つみれ汁をよく頂きました。

板前さん、スタッフの皆さん、これからも頑張ってください。

もっと伝えたかったのに…感謝、ありがとう。

（歌手）

「でん八友の会」皇居マラソン大会！

久保田一雄

今から、三三年前、昭和五六年の秋、快晴の秋空のもと第一回皇居マラソン大会が、「でん八」マスターの松尾明弘氏の号令で無謀にもスタートした。

皇居一周五キロメートルの道程、スタートとゴールは桜田門の設定で走者数は、四二名、大会の世話人、冷やかし応援組などを含めると総勢60名を越す集団であった。スタートは午後2時半、優勝者は、レストラン・スンガリの幸川賢悟氏（三三歳）、タイムは21分28秒であった。この酔人達のマラソン大会、きっかけは「そのに」での酔客の走力自慢の戯れ言から始まった。そもそも神楽坂の我が梟工房の迷者七、八人で気まぐれに九段から皇居一周をはばかりながら競争したことを大げさに口走ったのが愚行の発端であった。何だかその時マラソンの話で盛り上がったようで、折りしもスポーツの秋、誰ともなくマラソン大会をやろうということになって、「でん八」協賛「皇居マラソン大会」なるイヴェントを決め、よせばいいのに僕が世話人を引き受けた。この世話なるものが大仕事。

先ずは、大会案内のチラシ作りに始まり、皇居管理事務所、丸の内警察へ皇居広場、道路使用の許可の申請、続くは愚輩行きつけの居酒屋を廻り大会のチラシを配布して参加者をつのり、賞品、景品の買付けなどなど極楽トンボの行状。

さて、この大会、参加ランナーは前夜したたか呑んで酒びたり、その上に根っからの品性で負けず嫌いの面々、賭けて走る輩もいて思いのほか盛り上がっていたように思い出される。記録を省みれば齢54歳から小学二年生までさまざま、独協大学・根本ゼミの学生諸君の協力が欠かせられなかった。これを皮切りに、第二回から名称をおこがましく「東京マラソン団」として春と秋の年二回開催、六年間の十二回大会で打ち止めとしたが、よしや大会を通して死人が出なかったことは不思議であった。

当時、皇居周辺でのランニング姿の人影はまばらで我々のような集団でのランニングは奇異に映っていたのか某メディアが取材に来たほどで、今日の老若男女のジョキングとかの衆の賑わいとは程遠く、我等「でん八友の会」なる「東京マラソン団」が皇居マラソンのはしりだと思うと何だか愉しい。大会を終えて、いざ皇居周辺の公園での打ち上げの飲み会は格別で思えば酒を旨く呑むためのマラソン大会であったようで、「でん八」五十年の歴史に花を添えたのではと自負している。

「でん八」といえば新宿、新宿といえば「でん八」。傳八グループでの酔狂な数々の思い出は尽きない。

省みる三十余年の冬至かな　　久保田つぎお

（画業／北岳に登ってきました。）

ビター・アンド・スィートメモリーズ

根本祐徳

振り返ると、様々な人に助けられて今までなんとか生きてこられたものだと思う。その一つが「でん八」での人との出会いであった。見かけによらず小心者で、人と話す事を苦手にしていたけれど、「でん八」の狭いカウンターでの触れ合いによってそれを少しずつ克服できるようになった。これは仕事をする上でもとても役に立った。

松尾兄弟にもいろいろ教えてもらった。特に学生との付き合い方は二人の客に対する接し方を見ていて多分覚えたのだろう。あの狭い空間は濃密な学校だったのですね。

いつの頃だったか、銀座の資生堂パーラーで行われたある音楽学者の出版記念会で長身の男性が挨拶をした。「今日はこの会を彼の童貞を守る会にしましょう」。

会場は爆笑の渦に包まれた。それまで全員がテーブルに向かって座っていて何となく気詰まりだった空間が和んだ瞬間だった。この長身でがっしりした体型の方が民族音楽学者で優れた編集者の秋山龍英さんであることを知った。二次会で一緒になり、それ以降は親しくつき合わせていただく事になった。ご自宅にも何度か伺った。そこは早稲田のお寺で宝祥寺という古刹だった。ここが、松尾家の菩提寺であることを知るのは後のこと。

中央通り、名前を忘れた安い天丼や、ランブル、風月堂、ウイーン、でん八、キーヨ、渚、ライオン、オスカー、コルトレーン、グリーンス・リーヴスと思いを巡らす。「なつかしい痛みだわ……」と松田聖子状態になる。

鬼籍に入った思い出深い人たちがいる。松尾の兄貴はあの精悍な顔で皆を安心させた。存在だけで何だかほっとさせてくれた。日本テレビの百済淑夫は優しかった。その上、彼は真言宗豊山派の僧侶一千人が唱和する『千僧音曼荼羅』を武道館で成功させた優れたディレクターだった。画家住田茂のモデルをやったのも懐かしい。そしてよく「でん八」で一緒に呑んだ二見暁氏を介して、「人間座」の主宰者で演出家の江田和夫さんと知り合った。彼の演出した『詩人トロツキー』で友人中澤忠が吟遊詩人を演じた。忠さんと物好きにも大晦日に、飲み屋を探して吉祥寺の街を彷徨ったことが懐かしい。江田さんは「縛られ地蔵」で有名な林泉寺の住職でもあった。学校の同僚であり新宿を飲み歩いた内藤和夫さんを何度か「でん八」に連れて行ったことがある。その内藤さんの墓が林泉寺にあるのは不思議な因縁だと思う。

「でん八」には沢山の友人、同僚、学会関係者、学生そして両親、兄弟、子供までも連れて行った。というわけで親子三代に渡り「でん八」に出入りしたという事になる。ある時、歌舞伎町の「そのさん」に顔を出すと、教員になるきっかけを作って下さった山田瞬先生が珍しく一人で飲んで居られた。にこにこ笑いながら「や〜」と手を上げた姿が目に浮かぶ。もしかしたら全て幻だったかもしれないのだが。

（フランス語・文学者）

忘れ得ぬ人　藤本敏夫さん

長田直樹

一九六八年十月二十一日、国際反戦デー。防衛庁抗議運動に反帝全学連委員長として登場、指揮をした。夜半新宿騒乱に拡大する。私は大学四年生だった。新宿駅で機動隊と衝突、頭に裂傷を負い「でん八」に逃げ込みアニキに病院に運ばれ助けられた。

夜半、騒乱罪適用で全員逮捕との情報を受け病院を密かに逃げた。

藤本氏も辛うじて逃げたとのこと。後日、加藤登紀子さんに彼を紹介され、顛末を知る。勿論、彼は指名手配中だった。「でん八」に案内し初めての盃を交した。

居合わせた若者を瞬く間に虜にした。立居振舞凛として、その弁や能し。

一九七〇年、キューバ文化交流事務局長に任じキューバへ「砂糖キビ狩りツアー」を企画、何回か派遣。「でん八」に居合わせた若者も参加した。有言実行の男だった。

一九七二年　下獄

一九七四年　出所。

当時の内ゲバを嫌い学生運動から離脱。

「大地を守る会」の初代会長になる。

千葉県鴨川嶺岡に「自然王国」設立、全国の有機農業普及に自ら実践した。

「でん八」のアニキと親しく「でん八・その三」で熱く日本の農業の未来を語っていたのを思い出す。

一九九二年、「参議院比例区『希望』で立候補、公約は「原発はいらない」、しかし落選する。

その後「糖尿病の会」、「納豆の会」、いろいろ起業したが、活動の中心は「自然農園」だった。

二〇〇二年七月三十一日、闘病の後、肺炎のため死去　五十八歳
颯爽と登場し風の又三郎の如く行動し静かに逝った……

五十年史に一行でも彼の名を紹介できれば！

されど誰一人握りしめたる拳を卓上を叩きて「V・NAROD」と叫び出る者なし。（啄木）

現在、「自然王国」は加藤登紀子さん、長女美亜子、次女八恵が、藤本氏の遺志を継いで頑張っています。（三女美穂さんは沖縄で精神科介護士）

農園は嶺岡の高台に在るが湧水が絶えることなく溢れ、不思議なスポットだ。

加藤登紀子さんのエネルギーの源泉と思う。（参考文献　加藤登紀子著『青い月のバラード』）

暮、ほろ酔いコンサートの帰り、銀座三原橋を通った。「傳八」の灯は消えていた。

（新宿デラシネ人／加藤登紀子サポータ）

一週間に十日、通ったぞ！

関根由子

「でん八五十周年」とのこと。私が初めて「でん八」に連れて行ってもらったのは、たしか、大学三年の頃。すでに四五〜四六年は経っている。当時、私は大学祭の実行委員長で、外部の男子校から、さまざまなイベントの誘いやクラブの紹介などの窓口になっていた。そこに「チケットを売りたいからシャンソン研究会を紹介して」と飛び込んできたのが、長田直樹さん（チビサダ）と中村節也さん。

その後、東大での集会、デモに参加した帰りに偶然、中村さんに会い、そのまま「でん八その一」につれて行かれたのが、「でん八」との深〜い縁のはじまりだった。

当時、二十歳前後の感受性豊かな青春時代、アンチ権力、そして、微妙な異性関係など、「でん八」に集まる連中に、益々私の感受性が反応し、その深みにはまってしまったのだ。面白かった……飲むほどに、酔うほどに、好きなことを言い合う楽しみがあった。そして、カウンター越しのアキちゃん（松尾明弘さん）とのやりとり。アキちゃんの会話の裏にあった心遣い。だからこそ、通い続けたのだろう。

「一週間に十日こい」という歌があったが、そのくらい通ったときもあった。

そして私が誘ったのが、久保田純子さんだった。高校の同級生で、彼女は大学には進学せず、速記の専門学校で学び、主席で卒業するほど優秀だった。彼女も「でん八」にはまったのだ。通うごとに彼女の会話の面白さに一層の磨きがかかり、「でん八」を舞台にした恋愛も繰り広げられ、美しく変身もした。しかし、四五歳ごろ、すい臓がんであっという間に亡くなってしまった。彼女の母親は日本の速記者の先駆けで、当時何人もの速記者を抱えた事務所を持っていた。親の跡を継ぐつもりもあったと思うが、親が大きすぎて、彼女は常に親の手のひらで踊っているような気持だったのではないか。それが亡くなった遠因と私はみている。

出逢ったさまざまな人が亡くなってしまった。「でん八」の主のアニキ（松尾昭次郎さん）ももういない。「その一」が消えて、「そのに」も遠のいた時代、「その三」のアニキに会うのが楽しみだった。仕事のことや人間関係など日ごろの愚痴を言っているといつの間にか、アニキは私の本音を引き出していた。その会話の心地よさにいつも惹かれた。

人の好いアキちゃんと、どこかすごみのあるアニキ、その二人の作り出した「でん八」で、さまざまな人間を見た。人生を見た。それが私の人生のコアになっている。
若いときに出会えたことが、本当によかった。
ありがとう、でん八！

（家庭通信社・代表）

中澤 忠さんのこと

加藤登紀子

でんハッ「その二」の
思い出は三つです。
・中沢忠之との楽しい
酒、歌いはじめたばか
りの頃でした。
・一九六三年の三月、
誘って来るライブを見た
後久し振りの「その二」で
もう一度歌う決心を
したのでした。

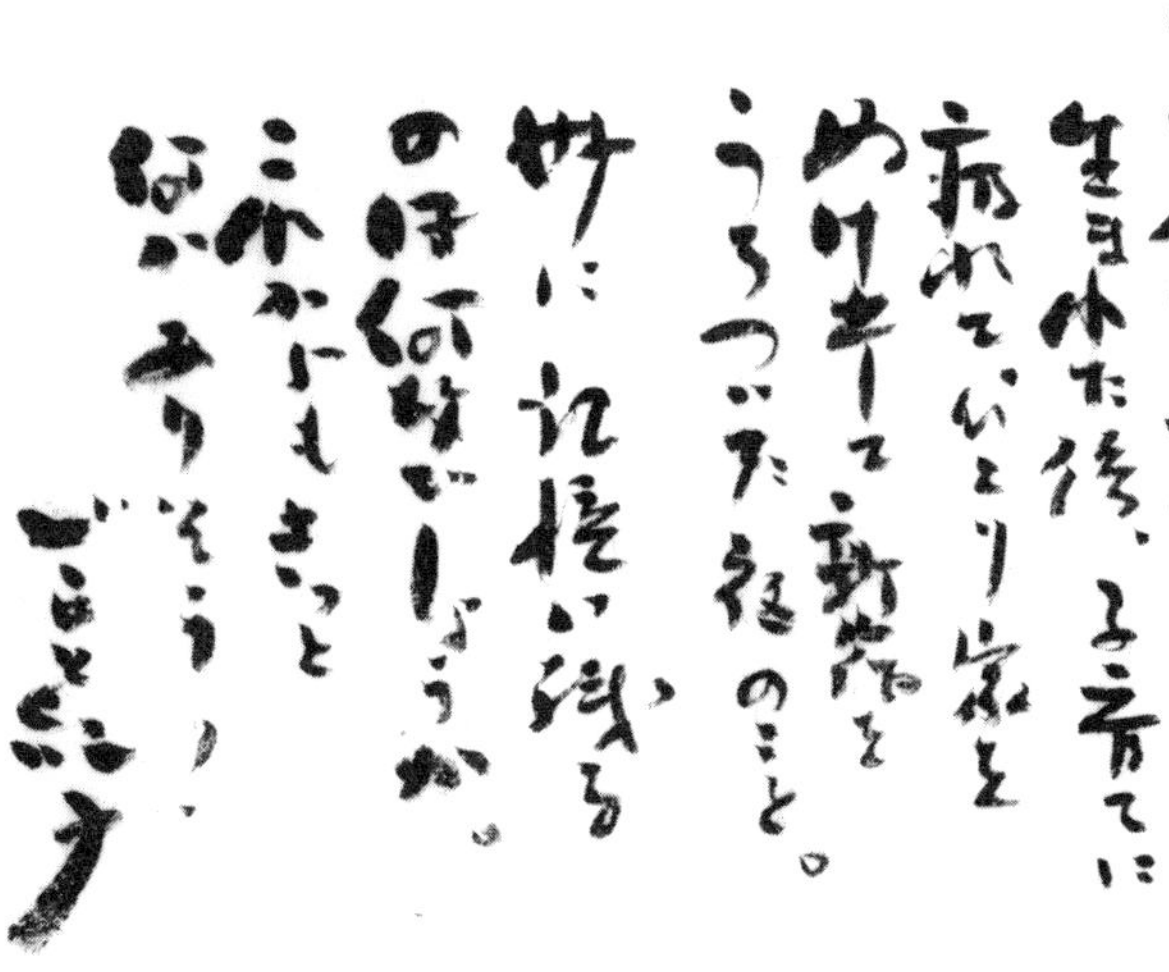
二人目のYのせが
生まれた後、子育てに
疲れてひとり家を
ぬけ出して新宿を
うろついた夜のこと。
妙に記憶が残る
のは何故でしょうか。
これからもきっと
何かありそう!!

（お登紀さんが淺川マキのライブを見た時代背景はどうだったのだろう…。
ハイセイコーの名前を聞くだけで時代がよみがえる。
地方競馬出身の競走馬が、それぞれの夢を乗せて走り続けていた。
もう一つ、忘れられない「江夏の、延長十一回ノーヒット・ノーラン」がある。
もっと凄いのは、自らのサヨナラホームランで決着をつけたことである。
世界では、第四次中東戦争が勃発している。
菅原文太『仁義なき戦い』の公開も一九七三年だった。）

（編集子）

学生時代の半分を「そのに」で過した！

野瀬正夫

私が「そのに」のアルバイトのバーテンをしていたのは、大学二年生、昭和四八年の秋から二年間です。「マスター」こと松尾豊太さんの高校の、しかもクラブの後輩という縁で手伝い始めました。

当時は、「マスター」と「忠さん」それにコックの「城さん」と私の四人、中華料理とサントリーの「角」がメインというユニークな取り合わせのスナックでした。

「そのに」の看板メニューは、何といっても「マスター」の話でした。酒と煙草で鍛え上げられたしわがれ声で、どんな人でも、話をすればすぐに引き付けられる話術の持ち主です。その「マスター」が姿を現すと、店がパーッと明るくなります。

カウンターには、一人でやってくる常連さんがそれぞれの定位置を占めますが「マスター」を待ちわびるお客さんが随分といました。

他愛ない話でも「マスター」にかかると面白い話に変わりますし、口の重い人にも「調子はどう?」とか話しかけておいて、次第に自分のペースに引き込む術は鮮やか。特に、友人待ちのお客や、盛り上がりのないグループに息を吹き込むのは天下一品で、いつの間にやら主人公におさまっていました。

一方、お客さんには、フリーのライターやカメラマン、役者さん、若手の落語家、バンドマスターらがいらして、まさにフリーランスというか自由人の宝庫でした。

演出家の蜷川幸雄さんも若手の役者さんと激論を交わしていました。そのような様々なジャンルのお客さんが店のムードを作っていたのが「そのに」でした。

学生運動が沈静化して世の中が落ち着いたというか澱んでいた時に、「そのに」には音楽や芸術の話が溢れて、次代の流れに負けぬ意地を見せていたように思います。全くもって色気はゼロ、酒の肴は「話」という大人の集まるお店だったと思います。

私は学生時代の半分を「そのに」で過しました。私の青春は「そのに」と重なります。自由や文化そして、良くも悪くも大人ということなどを肌で体験できた、文字通り社会勉強の場でした。随分皆さんのお酒を頂きました。所詮「学生アルバイト」という扱いではなく、一人前の人間として接してくださった大人の常連さんに私は育てられたのだと思っています。

また、「マスター」の話術は、その後アナウンサーになった私には、大きな財産にもなりました。

こうして振り返えれば、私の身体には、今も「そのに」が生き続けているのかもしれません。

当時の皆さんともう一度、あのでん八「そのに」で、話と酒を味わいたいと思います。


（NHKアナウンサー／BS1「ワールドスポーツMLB」キャスター）

中澤　忠のこと

中澤國江

中澤ちゅう　彼岸よりずーと「でん八」を見ています。五十年まるで自分の人生すべてのようでした。

昭次郎兄、豊太兄には、公私共に本当にお世話になりました。改めてお礼申し上げます。

「でん八」は、良い仲間と出会えた最良で最高の「場」でした。

五十周年、まことにおめでとうございます。こちらでも数人の知人が居るようだから、皆で一献傾けることにします。

若い世代とともに未来に向けて頑張れ！「でん八」永遠なれ！「ちゅう」

ちゅうが存命だったら、きっとこんな気持ちだったろうと思います。

上京以来、彼の生き方を良い意味で変えてくれたのも「でん八」での多くの人との出会いだったような気がします。私が忠と知りあったのも「でん八」開店の頃でした。一見、とっつきが悪く無愛想な男でしたが内心は優しい男でした。
大勢の人たちに愛され、忠は幸せな一生だったと思います。
「でん八」の皆様、ありがとうございました。
大変な世情ですが、益々のご繁栄、末永く続きますようお祈り申し上げます。

（中澤　忠夫人）

キョウちゃんのことが……

平田修一

そうですか、「でん八」五十年になりますか。

私が丁度、四十年ぐらいの常連になるのかな。

アニキとアキさんの酒脱な話に魅せられてずい分と長いお付き合いをさせて頂きました。

思いつくままにゆかりの人を列記してみます。落語家みたいなサトキさん、一回は彼のシャンソンを聴きたかったチュウさん、札入れからお釣りを出すしぐさが忘れられないシローさん、浄土に行ってしまったキョウちゃん、シャイな中華板前のノブちゃん、あとチビシゲさん、フナコシ君、ミヤちゃん。

お客さんとして、いつも酩酊状態のイイダのシゲさん、饒舌なタケさん、不満顔と笑い声が相半ばするミノルさん。

そのなかでキョウちゃんとはラグビーを通してよく遊び回りました。ポン友として彼への監視が足らず昇天させてしまったことが今でも残念でなりません。

偶然、ゴールデン街の「久結」という店であったミノルさんとひょんな事で彼の奥さんの話題になり「ミノルさんにはもったいない奥さんだ」とほめちぎったら「ここの勘定、俺がもつよ」と、片ホホ上げてニヤリ。ミノルさんはいい人です。

あと編集委員に名前のある節ちゃん、もう30年以上あってないかな、元気であることがわかり、まさに慶賀の至りです。近々に会えることを楽しみにしています。

これからも、コージ店長、ボチボチとのんびり店を続けてください。年に三回は顔を出します。これからの「でん八」に、ばんざあい！


（アップロード代表）

無聊、ぼそぼそ、そして石見

大谷洋平

一九六四年開業、そして五十年、というのはすごい。わが青春のすべてより長い。その青春のちょこっと、いやいやいっときの相当部分が「でん八」と重なる。ちゅうさんの時代、早い時間に店に行く。ちゅうさんがいる。まだ客を待っている風ではない。カウンターに座る。ちゅうさんが話始める。泉南（?）の子ども時代のことが多かった。「そうだったの!」とぼくが話始める。同じく子どものころのこと、「田舎はね、島根の石見地方……」と。

「島根は東半分が出雲、西半分が石見。わが田舎は石見の東端、出雲に接する大田市。当時は佐比売（さひめ）村。佐比売山という、出雲国風土記で国引き神話にその名のみえる山があって、今の名前は三瓶山（さんべさん）。広い裾野があり、戦争中は広島連隊や浜田連隊の演習場。子どものころはトーチカへ上って遊んだりした。終戦直後、米軍が進駐、引き揚げ時に大量の缶詰や弾薬を土中に埋めて放棄した。物資のない時代、埋める作業をした村人が掘り上げ、もらった缶詰の豆をぼくも食べた。掘り上げた弾薬が爆発して死んだ先輩中学生もいた。わが姉も、炎の上から振りかけると花火のようできれいだと、姉の友人が持ち込んだ米軍の焼夷弾で火傷したりした」てなことを、くだくだぼそぼそしゃべる。何とはなく互いに無聊。時間が過ぎる。そのうち客が入ってくる。「じゃあー、また」と、店を出る。

次の飲み屋へ行く。飲み友に会うと一緒に次の店へ行く。そうこうするうちに、また「でん八」へ。そんなことがいくたびあったことか。

最近この石見地方が人気になってきた。大田市大森町の石見銀山（大森銀山）が二〇〇七年に世界文化遺産に登録されたからだ。この夏のある調査で、行きたい都道府県の5位に島根がランクされ、行きたい場所に出雲大社、石見銀山、隠岐の名が挙がった。石見銀山には、間歩（まぶ・坑道）や精錬所跡、銀を運んだ街道、銀積み出し港の船をもやった石杭、江戸時代の名残を残す街並みなどなどがあるが、見るには地味で、楽しむには訪れた人の想像力が試される。大久保間歩は坑道内の生物環境を保全するため、一日の見学者数が制限されていたりして、観光客があまり増えるのも困るらしい。自然と共生して発展した銀山の姿を、そのまま未来に残そうというわけだ。

石見銀山と三瓶山は隣どうし。三瓶山の山裾にはひっそりと小屋原温泉。旅館はただひとつ。天下一品の蕎麦を食べ、湯の華に覆われた昔ながらの浴槽にゆったりつかれば、それはそれは至福！

（出版編集者・いま年金マン）

追想「でん八」

永松勇三

「でん八」によく行ったのは二三、四の頃から三十代前半の頃のような気がする。四十年ほど前の事なので記憶も朧げ、まあ青春時代と云ってよいかと思う。思い出すと照れくさいような、気恥ずかしいようなどこか草いきれのするような、熱いヤカンに手で触れるようなそんな感覚を想い起こさせる時代だった気がする。

まあ青春とはいつもそんな時代なのかも。

あの頃やたらと夜な夜なジャズ喫茶とかゴーゴーバー（ディスコとは云わなかった気がする）。ジャズビレッジ・ビレッジバンガード・DIG・DUG・木馬・LSD・プレイメイトなどに足を運んでいた。タバコの煙が蔓延しうさんくさい輩が傘を抱えて、時代の苦悩を一人で背負っているような、そんな空気が充満していた。どこか「俺にはあまり向いていない」苦悩面は好きじゃない。もっと俗で、浪花節で、怨歌で、陰気でありながら陽気な風を欲しがっていた。そんな時ある偶然から、某女性から面白いマスターが居る飲み屋に行こうと誘われた。三越裏の小さな店だった。マスターはちょっと知性を押し隠したようなテキヤの兄さんという感じ、どこかほっとするような気がした。元々日本酒が好きだったせいか店のオデンを肴に夜毎通い始めた。三日に一度は行っていた気がする。（今思うと仕事もなく金もないのによく通ったものだと不思議に思う。）その店に大学の建築科の先輩が三、四人来ていた。ちょっとびっくりした。そういう関係か美大生がよく来るようになり、とても美術論と云えない話の渦のなか、暴言と怒号と喧騒の中で鬱屈する気持ちを拡散していた。しかしそこにはクマさんとかシゲさんとかタケさんとかシロさんとかどこか長屋から飛び出してきたような人たちが我々小なまいきな青臭い連中を中和してくれるような有難い存在として居てくれた。ある意味バランスの良い店だったのだ。その内、でん八「そのに」「そのさん」が出来、そこからゴールデン街あたりに飛び出して行った。ちょうどその頃、都電がなくなり、その跡地がケンカのグランドとして皆に恰好の場を提供していた。もちろん2勝13敗という感じでしたが。

60~70年代という時代は良かれ悪しかれ面白い時代だったのかなと思う時がある。フーテンあり、ヒッピーあり、学園紛争ありのまだ暴力が未来への変革の手立てとして精神的に許容された時代だったのかも。それとも今のつまらぬＩＴ社会の身体感覚喪失の予感として暴力が機能していた時代だったのかも。いずれにせよもうそんなヒリヒリするような胸がざわめく時代はやってこないだろう。

もう時代はずーと喪中のまま続く気がする。これから目に見えない放射能の霧を背後に感じながら、さまよえる老人として、「でん八」のような階段のある薄汚れた巣窟を求め徘徊していくのが関の山。うまくいけば天国（地獄）への階段をかろやかに落下してみたいものだ。多分その階段は「でん八」の階段からずーと続いているのだから。「でん八」の階段から落下した時から体は宙に浮いたまゝ。

（彫刻家）

「でん八」、五十年目の告白

片山和俊

よく続いたものだ。

芸大を出て勤めて二、三年目だから、昭和四五年（一九七〇年）頃のこと。仕事は忙しかったけれど毎夜毎夜通いつめていた。始めは「でん八」に、やがて「そのに」に、そして「三」にである。新宿で飲んでいたと言っても、何の事はない一、二、三を行ったり来たりの毎夜。「二」の二階の奥座敷、一畳だったが店が終わるまで居て、同級のO君の青山ピーコック上のアパートに流れ込むか、アキちゃんの帰り道に送ってもらって家に帰るかが多かった。カバンには歯ブラシと手拭が入れてあり、どこにでも泊まれた。でも不思議に一ヶ月飲めた。多分ツケで給料が入ると精算していたのではないかと思うが、安かったとしてもよくお金が続いたものだ。

そう言えば、一晩で設計したことがある。ある夜、「でん八」の狭いカウンターでO君と飲んでいたら、アキちゃんが「でん八・二」を始めるから設計してくれ、今晩！締切りは明日の朝、と云う話になった。今晩？酒の勢いで私の勤めていた赤坂のM先生の事務所に戻り、二人で徹夜して改修図面を書いた。本当に一夜漬けの設計。手分けして僕が平面図などを描き、当時住宅公団に勤めていたO君の方が断面詳細図を描いたのだから、ある意味貴重な図面ということになる。

朝方アキちゃんが、おにぎりと一升瓶を持って来てくれ、東京温泉に連れて行ってくれた。それが設計料。今はなき東京温泉、銀座裏の方だったと思う。そして工事。多分事務所の帰りを早めて現場を覗いたのではないかと思うのだが、忘れられないのは施工者が水道管を打ち抜いたこと。まだ経験も浅く、木造二階の床下でそう云うトラブルが起きるのは想定外で驚いた。他の飲み仲間の人たちも係わっていたようで、あれよあれよという感じで出来上がった。

二人でよく飲んだ。と言っても実は酒は弱い。ただ毎夜、毎夜足が向かったというのが正確なところ。そう言えば、週末土曜日の夜中、オールナイトの映画にも通った。「でん八」でおにぎりを握ってもらい、高倉健や藤純子のヤクザ映画に一喜一憂した。と言っても、実は徹夜も弱い。最初の派手な画面だけ観て後はほとんど眠っていた。

思い出してみると、何のために「でん八」に通ったのだろうか。新宿が特に好きだったわけでも、好みの女性がいたわけでもない。兄貴とアキちゃんの顔を見に行ったにしても、それほど美男ではないし、噺家のように話が面白いわけでもない。二人とも声は渋くて良かったけど。

ふと、もしかしたらそういう人たちが多かったのではないだろうか。大して飲みもせず、何しに通ったか分からない人たちが毎夜、毎夜顔を顔を出したところ。飲みに行くというよりも、飲みに帰る〝わが家〟のような気分に酔っていたのかも知れない。五十年経った今頃言うのも可笑しいけれど、兄貴、アキちゃん、店の酔い心地も酔い醒めも悪くなかったヨ。

（建築家／Ｄｉｋ設計室主宰）

いまふたたびの「でん八」

菊池　豊

もうかれこれ四十年も前のことだ。例によって新宿西口の小便横丁でしこたま酎ハイを飲み、歌舞伎町に繰り出した。いつだってまっすぐ歌舞伎町に向かうことはなかった。当時私たちにとって、いや私にとってというべきか、「でん八」は高級な居酒屋で、千円で死ねるという安酒場で下地を作ってから出かけるのが常だった。しかし下地の作り方が意外に難しい。小便横丁の店もなじみなので、ついつい飲み過ぎしてしまい、「でん八」に行く頃はもうへろへろなんてことも珍しくなかった。ま、そのほうがフツーだったかも。

そんなこんなであの日もへろへろで行ったのだった。で、常連の芸大出の芸術家達と遭遇。そのなかに相性がよすぎて挨拶がわりにどちらからともなくついつい喧嘩をしてしまう男がいて、やはり展開は定番のコースをたどり「表に出ろ！」とあいなった。「でん八」の表、といっても「でん八」は二階にあったので正確には店を出て階段を下りると、目の前に猫の額ほどの小さな公園（しかし歌舞伎町公園と立派な名が！）があり、こわいお兄さんたちがよくたむろしていた。

で、芸大出の男との喧嘩だが、なんとその男は階段で足を踏み外し自滅してしまった。私はというと、急に相手が目の前から消えてしまったものだから、勢いをどう処理したものかわからぬまま、公園へ。たちまちこわいお兄さんたちにとっつかまり、殴られるわ、蹴とばされるわ……。

あーあ、四十年も前なのに思い出すだにトホホだ。結局、わたしは腕の骨を折り、都立大久保病院に入院したのだが、手術が終ってすぐのことだった。カーテンを開けて、ひょっこり「でん八」のアニキが顔をのぞかせた。そして、「ばかだなあ、おまえ」と一言口にして、「見舞いだ」と新聞紙で包んだ一升瓶を床頭台の上にどんと置いた。店で出している菊正宗だった。

郷愁でこんなことを書いているわけではない。当然のことだが、長く生きていると新宿への関わりにも起伏がある。街の熱さが鬱陶しくなったり、思いが薄れていた時期もあった。しかし、今は違う。釜石生まれのわたしに震災は、なにか突きつけてくる。じっとしていられなくなってしまった。そうなってくると私の中でにわかに「新宿」が浮上してきたのだった。国が怪しげな「善」を主張する今、だまっていられるもんじゃない。

私の中でふくらむ「新宿」の中心には、今も「でん八」がある。

（放送作家）

「でん八」と私

土橋親夫

でん八五十周年おめでとうございます。

思い出は数多くありますが、本になることなのでここは当たり障りのない話だけとします。

そもそも、「でん八」に行ったのは大学一年、一八歳の時、昭和四一年でした。

大学時代の友人の西田氏がプロのバンドを、今は亡き阿部ちゃんと一緒にやっていたことで、酒とエレキに興味を持っていたこともあり、西田氏に連れられて行ったのがきっかけでした。

当時はあきちゃんがマスターで、彼中心にそこにいる皆が話題を一つにして楽しく話しているのが印象的で、直ぐに虜に成り、足しげく通うようになりました。

当時を振り返ると、「その一」のマスターは最初はあきちゃん、次に兄貴へそしてしろうちゃんと変わったわけですが、客層の変遷もありました。最初はバンド関係の人の時代、サラリーマンが主流の時、芸大の人達が大勢を占めた時期等々で、お陰で色んな人と出会うことができ人生勉強をさせて頂きました。又今では女性が飲み屋に行くのは珍しくないが、当時は他ではありえないほど女性客も多く、中でも魚を綺麗に食べるみどり姉さんを始め、M由紀ちゃん、ザワと呼ばれていたAさん、今回の委員のSさん、そしてじゅんこさん等酒豪ぞろいでしたね。

客の中で一番私の人生に影響を与えたのは数年前他界した重さんでした。酒の飲み方の基本や女性のいろは、ちょい悪のことも含め、我が人生の師の一人として色々ご教示いただきました。

「でん八」は飲むだけではなく、何かにつけコア（中心）であったのではないか。「でん八」から客同士が他の店へ飲みに行ったり、「でん八チーム」の草野球もしたり麻雀したりもしましたし、そう客同士で結婚した人もいましたね。

麻雀と言えばいつだったか酒の後、或る人のマンションで徹夜マージャンし、この度の委員のOさん（当時小長さんと呼ばれていました）が確か7連続トップだったと記憶しているが、強い人だった、二度とこの人とはやりたくないと思ったものでした。

最後に、社会人になってからの事を一つ、同期の連中と「でん八」でよく飲んだが、新入社員当時のある日、「そのに」でザーサイ一皿だけで朝まで飲んだことがある。当時は給料も安く、我々にとってはウィスキーボトルが高く、つまみを注文できる余裕がなかったからで40数年以上経った今でもその連中と飲むたびにそのことが良き思い出として必ず話題にのぼる。「でん八」は我々同期の友達づくりの場所でも有りました。

「でん八」は私の人生の礎の少なくない部分になったのは間違いない。

松尾兄貴も他界して寂しい限りですが、これからも「でん八」グループのご発展を祈念して末筆とさせていただきます。

（家飲み派になり、焼酎を嗜んでいます。）

「でん八」に通った四十年

今井　光

始めて「でん八」の暖簾をくぐったのは、一九七一年の夏だったと思う。大学五年生で就職のための筆記試験が終わって、同級生四、五人、友人の一人が知っていた店だった。内装は現在より若干シンプルだったがほとんど変わりなく、椅子は背骨にあたって痛かったが、尻を落ち着けて飲めそうな雰囲気で、常連になりそうな予感がした。

当時の新宿は六〇年代後半の学園闘争、七〇年安保の余韻も感じられ熱気があった。「でん八」の場所はどこ。」と聞かれたら「二幸（現在のアルタ）の横の道をまっすぐコマ劇に向かって進み、一つ手前の道を右に曲がると喫茶店の「王城」が見える。喫茶店の「スカラ座」の斜め前の二階。」と、説明すると大体迷わず来れるわかりやすい場所にあった。近くに歌声喫茶の「カチューシャ」もあり、店内に入るとアコーディオンの伴奏で、ロシア民謡やら国際学連の歌やらの全員合唱で盛り上がっていた。

就職した20代の思い出は、「でん八」チームと軟式野球をやったことである。当時の勤め先は大井町にあったが、たしか東品川の天王洲（現在ではビルが立ち並んでいる）のグランドで対戦した。「でん八」チームの背番号は、888とか、8か8分の8とか全て8がらみ。その毒気に当てられたか惨敗した記憶がある。

三十代、四十代は丸の内、新小岩、新宿と転勤したが、結構マメに通っていたような気がする。歌舞伎町はボッタクリバーから大学生が飛び降りて亡くなったり、客引きを振り払いながら靖国通りから店まで到達するなど、周囲はうるさかったが店内は落ち着いた渋い感じだった。当時は仕事も忙しく、九時過ぎに一人でやってきて、聞き上手の社長相手に飲み、硬軟取り混ぜて気持ちよく喋っていたと思う。もっとも奥様の話では、もっぱらゴルフと旅の話をしていたように伝わっていた。

不思議と泥酔した記憶がないが、年増の女子に囲まれて小上がりで飲んだとき激しく気持ち悪くなり、早々に退散したことがある。社長からは「連れてくる人を考えないからだ。」と皮肉を頂戴した。

今年、一三回目を迎えた「でん八ゴルフコンペ」には初回から皆勤だったが、この秋は残念ながら欠席してしまった。年々飛距離が落ち、スコアもジリ貧になることが一番年を感じる時である。思えば、社長や豊太さん、従業員の皆さんのおかげで楽しく飲み、騒ぎ、貢いできた四十年だった。これからも飲める限りお付き合いいただきたいので、「でん八」が是非健在で歌舞伎町で密やかに輝いてほしいと思っている。

（東京都建築士事務所協会専務理事）

ミエって誰?

豊田君枝

印象が少ない私なのにと迷ったのですが、「でん八」との思い出は私の遅い青春の大切な思い出として心に強く残ってますので参加させて頂きました。

今から三五年前、私が二十代後半の頃、初めて「でん八」に連れて行ってもらった時の印象は常連とに関係なく、お店の人を介して和やかにお酒を楽しめるお店。

自由業の人が多く、とても居心地が良かったと思いました。

そのうち「でん八」を知っていることが自慢になり、友人を案内して色々な繋がりを感じました。当時勤めていた六つ上の先輩が二十代の頃、歌舞伎町の「でん八」の板さんとお見合いのような紹介で何度か通っていたそうです。もっともすぐ自然消滅したそうですが…彼女を案内すると、ずい分昔の話でその板さんはやめられていましたが、とても懐かしがっていました。

後は皆さんが良くご存知の竹馬の友である愛さんを案内したのも私です。たちまち「でん八」のファンになり、私たちが通っていた頃は、「でん八」「そのに」「でん八その三」の愛称で呼ばれており、二人でぐるぐる回って同じ人たちと又会うのを楽しんで、馬鹿呑みしていました。

愛さんも私もアキさんのファンで、ちょっと離れている歌舞伎町にも癒されに何度か通いました。愛さんは私よりも「でん八」には多く通い、いつの間にか素敵な伴侶まで…　あの頃が一番楽しかったです。

五十年となれば悲しい別れも仕方ないですが、出会った頃の輝かしい印象と楽しかった思い出が甦ります。

この先も「でん八」での出会いを楽しみにしています。

五十周年おめでとうございます。今後とも末永く続くことを願っております。

（株・保険研究所）

「でん八」出会ったひと　ちょっとだけ

田中美智雄・田中紀子

大学の同級生に新宿高校出の谷本というのがいて、たがいに普通は卒業する年に大学に入ったこともあって気が合い、高校の時から熟知する新宿を連れ回ってくれたのが「でん八」とのきっかけです。いつもはゴールデン街の「淵」でいちばん安いウオッカをちびちびやっていたので、やや高めの「でん八・その三」（歌舞伎町店）にはたまたまでしたが、常連客が多く、騒ぐ若い客が来ないのがなによりでした。「そのに」はアキさん、ちゅうさんが居て、ちゅうさんは気風の良さと歌のプロぶりを見せます。そうこうするうち僕らの結婚式の二次会を頼んだら、休みにもかかわらず使わせてくれました。

「そのに」からスナック「ちゅう」までで出会ったのは、根本さん、長田さん、芸大系のNHKのポスターを描いた××さん、住田さん、酔っぱらった時だけ知り合いになる…さん、「上海外灘」を潰した、奥さんが「フィリピーナだって言われるの。」と言っていたたけさん、地井武男似のオギさん、ツンちゃん、アケミちゃん、土倉夫婦、友野夫婦、古川夫婦、豊ちゃん、新ちゃん、福ちゃん、一番若かった西やん、風貌より実年齢がかなり若かった＊＊さん。（すみません名前が……）

「でん八・その三」に戻って、社長、アキさんとも　隣に座ったらずっと話し始め、他客の注文に動じない、いや動かないんです。また社長が従業員に仕事を作るためと言って、タバコを吸っては床へ落としていたのを見て、社長の権限やら仕事とはなんなんだとか考えたものでした。そんな時の話は、戦後トヨタに誘われても、こんなに大きくなるとは思わず断ったとか、戦中、出征まえの若い学生だったので男が国内にほとんどいない銃後の妻や未亡人に、とてもいい思いをさせてもらったとか。

ほかに、いつも新聞を読んでいた「ヒゲの板さん」、その後のかなりお年を召された「板さん」、この方は、社長も同じですが、保険かなにかの新聞広告に大きなモデルとして出演されていました。あと、「ミャンマー」に変わって帰れなくなった「ビルマのフロアーさん」、コージくん、社長と同じリーゼントの息子さん。

「銀座傳八」では「でん八」の頃からいろいろ気づかってくれた船越さん、宮平さん、沖縄の二人がここを盛り上げて以来、沖縄メニューも気に入ってました。

それと仙台一校の板さん、揚げ物の小さい料理人さん。

あと、「青山・傳八」開店の時、妻が木だけの椅子でクッションがないとブーブー言ったところ、アキさんが、「銀座・傳八」ではなんとかするからと言ったのになんとかならず、その代わり妻だけにはいつも座布団が二枚出るようになりました。ちょっとだけの話。

（東邦大学、東京医科歯科大学教員）

鰯とオルグの店・「でん八」

杉山尚次

誰にでも大なり小なりテリトリー感覚みたいなものはある。店の常連になるということは、そういう感覚なのだと思うのだが、長い付き合いであるにもかかわらず、「でん八」はいつまで経っても私のテリトリー外である。でも、居心地がわるいわけではなく、新宿で店選びで迷ったときは「でん八」と決めている（五十周年おめでとうございます）。

初めて「でん八」に行ったのは、たしか一九八一年。私の社会人年齢と一緒だから三〇年も前になる。にもかかわらず「常連」感がない理由は単純。「でん八」は藤森さんのテリトリーだからだ。ご存知のように藤森さんとは、洋泉社の創立者にして元会長、本書の編集委員のひとりの藤森建二さんである。

ここに連れてきてくださったのも藤森さんだったたし、八四年の六月（たぶん）、彼に「オルグ」されたのも、この店の上がり座敷だった。オルグといっても政治の話ではない。「新しい出版社をつくるから参加せよ」という（語の本来の組織化という）意味である。なぜそんな言葉を使ったかというと、藤森さんに名言があるからだ。それは「出版社の営業マンの役割は、書店員のオルグ（組織化）である」というもの。サービスとか誠意とかではなく「組織化」というのは、なんとも格好いいし、その気にさせてもらった。これは今でも生きている考え方だと思う（いかにも□○だが）。

いかん、「でん八」の話である。私が洋泉社にいた八九年『魚の美味しい店ガイド』という本をつくった。これはひとりの著者が魚を美味しく食べさせる店をタイプ別に紹介する本で、ビジュアルなしだが結構売れ、年度版もつくった。

また脱線するが、書いたのは森下賢一という物書きである。いまでこそ居酒屋を批評するライターは多いが、この仕事からもわかるようにその先駆的存在だった。『いい酒の、いい飲(や)り方』『銀座バーフライ物語』などよく売れた本もある。残念なことに、この十一月に亡くなられた。

やはりというかさすがというか、その森下さんは、鰯の店として「でん八」を知っていた。ならばということで、「でん八」も小さく載せることにした（お手盛りは自粛して小さく紹介）。《歌舞伎町コマ劇場を正面に見て、名曲喫茶「スカラ座」の通りを右に折れ、スカラ座の正面のビルの2階。…鰯のすり身を鍋に文字どおりつみ入れるつみれ鍋は逸品（冬場）。》とある。そうなのだ、冬になるとここのつみれ鍋を食べたくなる（ただの白味噌の出汁ではないはず、レシピをこっそり教えてほしい）。鍋の雑炊のつくり方は、当時の店主（「あにき」氏）から教わった。火を止め、卵を流しいれ、ネギを加え、ふたをし、じっと待つ。ふたを持ってこない店を私は認めない。

その「あにき」氏も亡くなり、「スカラ座」はラーメン屋に替わり、私は藤森さんの会社を抜けて一五年以上経つが、いまだに藤森さんとはお付き合いがあるし、「でん八」にも寄らせていただいている。古い付き合いなのに、あまり知った人と出会わず、余計なことをしゃべらなくていいお店は、案外使い勝手がいいものである。

（株・言視舎代表）

秘密基地の禁断の夜会

藤竹俊也

　僕が初めて「でん八」を訪れたのは、二十一歳の時、昭和五八年のことである。

　前年から「でん八」で働き出していた松尾弘史君は、僕の小学校、中学校の同級生で、やはり同級生の清水浩二君に連れられて行ったのだった。清水君は、松尾君とは幼稚園、小学校、中学校、高校が同じだったという松尾君のマブダチである。その年の春、清水君と僕は二年間の浪人生活を経て、やっと大学に入学したのだった。

　僕たちは、「でん八」を自分たちの新しい基地として認識していた。なにせ新宿の歌舞伎町にあるのである。東洋一の歓楽街にあるのである！　その歌舞伎町の路地に入り、怖そうなお兄さんや美しいお姉さんのお誘いを断り、怪しげなビルの階段を一段飛ばしで軽快に駆け上って、二階の扉を堂々と開ける。これは、まさしく大人の世界に足を踏み入れる行為であった。僕たちは、二回目に訪れた時から、常連客の気持ちでいた。「でん八」は松尾君がいるのだから、日本で一番安心できる場所だったのである。

当時の僕たちが注文したのは、ビールは二本目まで行けば上出来で、料理だって三品くらいだったろう。そんな状態でも僕たちは我が物顔で腰を落ち着け、互いの大学の様子や熱中している本の内容等を語り合っていた。

松尾君の伯父にあたる社長さんは、そんな僕たちを、いつも快く迎えてくれた。

社長さんは、気っ風がよくて優しくて、そして、とても知的な方だった。僕は、こんな感じの人になれたらいいな、と思ったものだ。

松尾君はというと、僕たちに気づくと、小学生の時と同じように一瞬はにかんで、あれこれと歓待してくれた。今にして思えば、学生生活を満喫し出した僕たちに対して、松尾君は、社会人として生活し出し、慣れないことばかりで大変だったはずだ。僕たちを甘い存在として捉えていたところもあったのではないだろうか。

僕たちは、そんなことは一切考えずに、お気楽に通っていた。

「でん八」に行き出してから、そんなに回数が経っていない頃、閉店時間が過ぎた後もふたりで残っていたことがある。社長さんも板前さんもお帰りになり、お店は、僕たちと松尾君だけになった。秘密基地は本領を発揮し出した。禁断の夜会が開かれたのである。松尾君は饒舌になり、果てには、「何か食うか」と言って、いくつか料理を出してくれるようになった。やってはいけないことを始めたという意識は、三人とも抱いていた。そのせいだろうか、松尾君が出してくれた豚の角煮のおいしかったこと！　その時、僕は初めて白子を食べた。美味であった。あの夜以来、数回、禁断の夜会は開催された。

あれから三十年以上が経った。松尾君が南青山の「傳八」から歌舞伎町に戻ってくると、僕は再び、怪しげなビルの階段を上るようになった。松尾君は、若い時のように禁断の夜会を開いてはくれなくなったが、今も一瞬はにかんで、僕を迎え入れてくれる。

（「ＲＯＣＫ　ＪＥＴ」編集長）

アングラ新宿花盛りの頃に

高橋四郎

五十周年おめでとうございます。

私が「でん八」に行ったきっかけは、昭和四四年（一九六九）当時、新宿歌舞伎町にあったキャバレー「アダムとイブ」で、佐野柳哉さん率いるバンドの一員として歌っている時に、佐野さんに連れられて行ったのが最初でした。

その後、二、三回行った記憶があります。バンドをやめて角筈にあったスナックでバーテンダーをしている時に、佐野さんが来て「でん八そのに」が出来たから行こうと、誘われておじゃましました。

中華ではない時です。しばらくして、友人に誘われてお店を変わる時十日位暇があり、佐野さんから、「そのに」のバーテンさんが辞めて困っているので手伝ってくれと言われて、一週間の約束でやる事になりました。

その間に、新しい店の話がご破算になり、そのまま、「そのに」に、残る事になり、正式に勤める事になりました。昭和四五年、前半位の頃だと思います。

現、歌舞伎町店の弘史が四、五歳の頃かな？　定かではありません。

昭和四六年夏頃に、兄貴が腎臓結石で入院し、アキさんが「でん八」をやり、私が「そのに」をやっていました。九月頃に、私が「でん八」に行き、あきさんは「そのに」に戻りました。十一月三日、文化の日、となりの「田毎」から出火して「でん八」に延焼、夜七時頃でした。店をリニューアルし営業を始めた頃に、歌舞伎町に新店をつくる事になり、それに伴って「そのいち」を売却する話になり、売るのはもったいないので、私にやらせてくださいとお願いし、やる事になりました。

その後、十年間営業して立ち退きで閉店することになりました。

書こうと思うと、いっぱいありすぎて書ききれません。

野球チームの結成。三浦海岸での海水浴。忘年会の思い出など……色々ありました。なので、ここでは皆さんがあまり知らない部分を書きました。「でん八」なくして今の自分はありません。これからも益々の繁盛とご活躍を「でん八」ならびにお客さま皆さんに幸あれ。

（「でん八」二代目店長・居酒屋「しろう」／吉野家）

愉しくも、厳しい三五年でした

船越祐之

三年前までは店長としての責任が大変だったが、今はそれがないだけ精神的に楽ですよ。それと、その当時は、息子二人と一人娘の教育費にかかる負担が大変でしたが、今は、やっと二人が自立して、娘も少しのところまできている。

ぼくが、一八歳で高校を卒業して沖縄（カキノハナ）から東京の兄を頼って上京したのが、一九七六年四月七日でした。沖縄が復帰して…。

映画が好きで、調布にあった日活映画学校二期生になりました。一方で、東京に出てきた以上働かざるを得なかったので、アルバイト探していた。

四月三十日には「でん八」の応募に応じていました。

それから三六年、五三歳まで「でん八」の縁一筋、公私にわたって波乱万丈でした。

ぼくは、最初の「でん八」と「そのに」は知らないんですよ。最初に務めた「その三」の時の店長は、里木さんがいました。（今は仙台に住んでいると思う。）

結局、店を大きく展開し始め、ビジネスに向かって転換、飛躍し始める時から関わったことになるのかなと思います。

社長（アニキ）が登戸の慈恵医大に入院の時は、毎土曜日に見舞っていた。

社長が亡くなった時には色んなことがあったが、やめるわけにはいかない想いと、イヤだったんですね、長くお世話になって、ハイ、辞めますとは到底言える事ではなかった。

社長とマスターには、多くのことを教わり人生の師として、今でも尊敬しています。

（二〇一四・五・一六　東京駅八重洲中央／「初藤」にて）

（前「傳八」銀座店店長）

「でん八」は永久に不滅です

城間成吉

「でん八・そのに」に始めて来てマスターと四郎さんに会いました。二人ともヒゲ面で、私もヒゲを伸ばしていたので親近感をもちました。

店の印象は変わった感じでした。調理場を見るとビックリ、天井から床まで油でベッタリ、ここで仕事をするのかと思うと少々愕然としました。少しずつ毎日掃除して、なんとかきれいになって、やっと仕事にも落ち着いてきました。また、中澤忠さんも協力してくれました。皆さんも綺麗になったと言ってくれました。私は無口なほうで、お客さんと話はあまりしなかった。ヒゲも多くてアイヌ人か外国の人かと言われました。一度は、アイヌの女性に昔の恋人と間違われて抱きつかれたこともありました。

初めて声をかけてくれたのが、飯田の重さんです。楽しい雰囲気でいろんなことを教えてくれました。それから皆さん方とも話が弾むようになりました。「そのに」のお客はユニークな人ばかりで毎日が楽しく、我を忘れるぐらい、酒量も多くなっていきました。

芸能リポーターの梨元さんとも朝まで語りながら飲み明かしました。その後、沖縄に帰ってからのことですが、彼が沖縄のテレビ局の仕事で来ることがあって、交流が続きました。

お客さんの薦めで週刊誌のヒゲ男募集に出たり、「平凡パンチ」と「女性自身」にも載せてもらったり、また全国ヒゲ大会に参加して、五十名中十位に入賞したことなどがありました。

それから、飛柿マチカさんとも長いつきあいで、年賀状を毎年もらっています。

松尾さんの長男、弘史くんが沖縄に来てくれたことがあったり、松尾夫妻が来沖縄したときは、一緒にグランドゴルフを楽しみました。

数年ぶりに東京に行く機会は、「傳八銀座店」開店祝いでした。そのときは、テレビカメラ持参で、久しぶりに会うお客さんと楽しく飲みました。

私が「でん八」に紹介した座間味村出身の宮平くんとも会い、そして船越くんともパーティを盛り上げました。「でん八」のお客さんは素晴らしい人ばかりで、想い出に耽っています。

松尾さんのお兄さんはじめ家族の方々、そして「でん八」同好の氏皆さんにもイツペーニヘデビル（大変ありがとうございました）。「でん八」は永久に不滅です。勇往邁進！


（「そのに」料理長／沖縄でｃｏｆｆｅｅ Ｓｎａｃｋ「ＭＥＸＩＣＯ」）

私の叔父と「でん八」ありがとう！

森田寿美

ブログに「ヒトはだれでも本来、機会があれば誰かに話してみたいコトを多かれ少なかれ潜在的に持ち合わせているのではないだろうか、実感させられました。」とありましたが、私もそう思います。

今回の企画は、そういう意味では必然なのかもしれません…。あの時代に青春出来て良かった！　なんて思ってしまいました。

私が初めて「でん八」に行ったのは、両親と一緒に行った開店祝の時だった。

私は小学一年か二年生、一階のカウンターに陣取り、コンちゃんの作ってくれた卵焼きがとても大きかったことを今でも覚えている。

その後はと言えば、夏休みのお盆の頃は海辺の民宿を借り切り、正月は昭次郎叔父か豊太叔父の家での新年会があり、親戚とお店のスタッフやお客さんたちが集うこととなった。そんな環境にいると自然とお酒を口にする機会もあり、叔父からは「お酒はな、飲んだら飲め、飲まれるな！」と、事ある度に教えられてきた。

私にとってこれは実にありがたい教えであり、大人になってもおかげ様でめったに「飲まれる」ことなく、飲めば飲むほどに気持ちが冴え、むしろヤケ酒が出来ないのが悩みとなった。大学生になり、初めて友達と「でん八」に行った。海の家や新年会で知っている顔があり、初めて二階に上がった。ホッケを食べていると、隣席の客人からホッケの食べ方を教えられた。おかげ様で、今では焼き魚全般食べ方は上手である。

私も年を重ね、だんだん飲み歩くこともなくなり、「でん八」への足も遠ざかっていたが、七～八年前の夏、職場の人たちと銀座に行く機会があったので、久しぶりに昭次郎叔父に会いに店に立ち寄った。久しぶりに会う叔父は紺ブレに白Tそしてブルージーンズ、実にオシャレでカッコ良く、相変わらず若わかしい。

「おじさんは本当に若いよね～！いくつになったんだっけ?」「もう八十だよ！」「すごいな～！」。元気そうに笑ういつもの叔父がいた。笑いながら叔父は「おれが大学生の時に戦争が終わった。そしたら、終わったその時から、先生たちはそれまで話していたことと全く違うことを言い出したんだ。驚いたよ、裏切られたようで悔しかったよ。それで俺は思ったたんだ。一度、自分で言ったことは絶対に守る、裏切らないって……。それで今まで来たんだよ……」「……そうなんだ……」。何故急にこんな話をするのかと思いながらも、叔父の話に耳を傾けていると、今迄の数々の出来事が思い出され、「だからあの時叔父は、あんな決断をしたんだ……」と、妙に腑に落ちる思いが廻っていた。

その後体調が悪いと聞いていたが、つぎに会ったのは病院のベッドの上にいる叔父だった。面会の最後に「さようなら、また来るね！」と言うと、手を握るかのように手を伸ばしてきたが、私は何故か、次に来た時に握手しようと思い病室を出た。残念ながらそれが昭次郎叔父との最後の時となってしまった。

ありがとうございました。迷い多いこの人生のなかで、いつもさりげなく助けられてきました。私にとって「でん八」は、人格を持った一つの存在に思えて仕方ありません。銀座の店が開店した時、わが子の大学進学や社会人への門出を祝うような気持になった、不思議な感覚を今でも覚えています。

「でん八」へ、叔父たち、そして、その支えるスタッフやお客さんたちで作り上げた一つの命なのでしょう。ありがとうございました。感謝の気持ちで一杯です。

（姪／臨床心理士／セピア色のあの青春が懐かしい…。）

二代目のつぶやき

松尾弘史

私は、「でん八　その一」がオープンした年、東京オリンピックの一年前の昭和三八年に、この世に生を受けました。父から聞いた話だと、自分が産まれる事になったため、屋台での日々を脱して、思い切って店を開こうと決意したそうです。

毎年、夏休みの海水浴旅行、正月の新年会は、親戚と店の従業員やお客さんたちと一緒に行っていました。そうした時には、いつも、オープン当初からの常連客のシゲさん、手塚さん、長田さん、竹さん他、常連の方々がいらしていました。

小学生の時は、明け方に親父が呑み足りない呑兵衛たち（失礼！）を自宅に引き連れて来て、リビングで呑んで騒ぎ、明け方まで宴は続く……、なんて日が多々ありました。

リビングの脇のベッドで寝ていた私は、その宴の物音で目を覚ます事もありました。たまに、トイレに行きたくなって、起きて挨拶すると、お小遣いをいただくこともありました（みなさん、憶えているかなあ)。賑やかな宴は、なぜか心をワクワクさせるものでした。今日も来るかな、と期待する気持ちもありました。

高校三年生の時、「でん八　そのに」で何日かバイトをしました。自分の仕事は酒(カクテル等)を作って、洗い物をする事でした。営業開始後、お客さんが入って来ます。カウンターに座る人が多い、一人で来る人も多い……、さあ、どうしよう！　何かしないと……。当時の私は、知らない人に話なんて出来ません。

重苦しい時間は延々と続きました。六時間のバイトのはずが、倍以上の時間に感じられたほどです。そんな重苦しい時間も、今では懐かしい思い出です。

でも、最後に楽しい時間がやって来ました。それは、まかないの時間。毎日、コックの鈴木さんは、本格中華のおかずを山盛り作ってくれました。しかも、大盛どんぶり飯も二杯食べさせてくれました。まさに至福の時です。その前の苦しい事など吹っ飛びました。私は、林檎のマークが入った扉を押し、ああ、本当に美味かった、明日はどんなおかずかなと思いながら帰路についたのでした。

一九歳の時、「でん八　その三」で本格的に働き始めた……、まあ、修行に入ったわけですが、私は、伯父である社長によって、何から何まで、それまでの学生生活から180度変えさせられました。性格までも変えさせられたのです。

最初の何年かは、毎日怒鳴られ、凹んだ日々を送っていました。辞めたいと思うこともありましたが、もし辞めて他に行っても何も出来ないと、その時は思い留まり、ひたすら我慢しながら新たな日を迎えることを繰り返していました。

怒鳴られながら何年か過ぎ、前に進んでいるのかどうかも分からないまま十年くらい経ったある時、青山店は人手が慢性的に足りないということで、社長から助っ人で行けと告げられたのでした。褒められた事は皆無だったので、初めて認められたのかなと、思えた瞬間でした。青山店では、目一杯、働きました。スキルアップのために貪欲になっていた、充実した日々でした。

八年前、私はある出来事で転機を迎えました。当時、私は青山店店長として一五年働いていましたが、景気が右肩下がりの中、社長や専務の会社運営に疑問を感じ、会社とはそういう感じではないのではないか、と思っていたのです。とは言え、そのことをワンマン社長に言えるはずもなく、先輩たちとミーティングをして、意見を交わしていました。

ある時、とても小さな事で社長とぶつかり、解雇通告をされ、青山店を辞めました。

その後父と社長は話し合った後、父は会社を辞める事となり、不利な条件ながら袂を分かつ事になった様です。

今は自分が育てられた歌舞伎町の「でん八」に戻って仕事をしています。

ここにはもう、社長も父もいません。この場所で原点回帰、お客さんとのコミュニケーションを大事にして、日々働いています。それが、社長と父が愛した「でん八」なのだと思います。社長と父を超えられるかどうかは分かりませんが、二人の仕事を継承して、これからもお客さんに喜んでもらえる「でん八」を続けて行きます。


（「でん八」オーナー）

長澤・永田とともに

トミー野沢のライブ後　森本、アキサンと

でん八「その三」（歌舞伎町店）弘史店長

アニキ　三浦海岸で

竹村、富美子さん

お店で出会った人たち

松尾明弘

一昨年、岩手に行く車中で藤森君から「でん八」五十周年記念として、諸兄の当時を偲ぶ小冊を、残そうではないかということとなりました。

五十年前の夢中になっていた頃の思い出はまた格別です。次々と当時の顔が、おしゃべりが、昨日の事のように思い出されました。

その後、原稿の依頼や座談会で数人が集まり、皆五十年程前には、お互いに顔は知ってるが名前は分からない者同士も二～三分もすると、当時の話で一挙に賑やかになる現場を見て、ボケかけた脳裏にも、五十年前の開店当時の楽しかった日日が蘇ってきて驚きました。

当時のことが意外と鮮明に思い出され、あの頃コレコレの事は何故だったのとか、今だからこそ聞けることの面白さ、次第に次から次へと広がる話に時を忘れてしまいました。

当時飲むだけでなく、落合君達はチームをつくり野球で汗をかいたり、取材記者をしていた森本君が見つけた三浦海岸へ行けば、酒、麻雀等々…、今考えてもよく事故もなく楽しんだものだと夢のようです。

開店当初のお客で皆が知っている人に、通称シゲさんこと飯田重正くんがいました。背も高くスマートで、私より一歳年下の新潟男でした。

新潟の男は寡黙でまじめと言われているが、彼は正反対のお調子者の感じでしたが、頭の回転が速く、だれかれなく合わせる天才と思われる人気者でした。仕事は、ビル清掃の社長でした。

「でん八」のお客でアルバイトのガラス磨きをした者も何人かいました。

その頃、通称熊さんこと、佐藤康太郎君も皆に愛された一人でしょう。

彼は、外洋船の船長という触れ込みで、月に一回ほどの感じで来店。バシー海にくると日本の短波が聞こえホットする、などと言いながらグイーッと飲み干す。

同業の木下君と二人の話に我々はすっかり思い込まされていた。

そのうち頻繁に来店するようになると、次は船長の帽子等かぶって来たりしたが真面目で、今思い出しても笑える楽しい一時でした。次第にバレても、悪意の無い冗談で終わったのも楽しいカウンター越しの遊びでした。

同じ頃、東京オリンピック開催当時からみえていた山本教授が、熊さんに大学のラクビー部コーチを依頼したのでした。彼は名門秋田工業高校ラクビー部だったといって、それはそれは見事に成りきっていました。

熊さんの本当の仕事は、電気工事会社社長でした。

現在、脳梗塞で倒れ若干、不自由していますが、元気です。

一時期、上野の芸大のたまり場の様になったこともありました。

最初は平瀬君（建築）が三年の学生の頃のことで、後日テニス部の集まりの流れだったかと思いました。以後油絵、日本画、彫刻、音楽までも学園祭の時などは貸切状態で教授まで一緒になっての賑わいでした。その後の「でん八・そのに」開店の折には、まだ学生だった永田君、片山君達数名の合作（内装）で出来上がったのです。

ユニークな開店の案内状や、リンゴのマークはプロの千代田朗氏の協力が印象的でした。

当時としては珍しいコの字型のブースでなかなかの出来栄え。サントリーの角瓶のキープボックスを備え、本格中華（ラーメン屋ではない）をメニューで提供する。このコンセプトは兄貴のアイデアで、最初は兄貴がやるはずだったが、急遽あきと交代する事となる。

十坪の店の広さは、最初の（「でん八」）カウンターのみ十二、三席の商いとはチト様子が違ったが、「その二」では三名は一緒に座れなかったが、「そのに」では大歓迎となりました。

「でん八」での最初のグループ客はGSのロックグループで、若い女性に囲まれる存在が羨ましい芸能人の世界でした。最初のきっかけは、ドラマーの勝美竜郎でした。二十歳そこそこの酒好き、女好きの男、だらしが無いが憎めない奴でした。（私の仲人で結婚しました。）

間もなくブルー・コメッツのメンバーやシャープ・ホークス、ブルージンズその他、当時の人気メンバーが出入りするような毎日、次第に女性客を連れてきたり、人伝に知ったのか水商売の女性が来るようになったようです。日劇でのウエスタンカーニバル全盛期。

しかし世界の流れはプレスリーからビートルズ時代に。それでブルー・コメッツもプレイヤーが歌ったり、井上大輔が作曲するスタイルになり、一方で関西からの少年の様なグループ、タイガースが頭角を現す時代に、思い起こせばその頃から徐々に出版関係のグループがみえはじめました。この度、五十年史の音頭をとってくれた藤森君（前洋泉社社長）たち、ワセダの元学生運動で同じ釜の飯を喰った人達が其々散っての出版・マスコミ関係者グループです。

60~70年安保闘争時には其々のセクトで頑張った連中でしょう。

新宿騒乱の日などは、戦場の補給所のさまを呈した感じでした。

朝、白々と明ける中央通りは人も疎ら、警察に目をつけられているとのことで顔に覚えがない客はお断りといった状態で、今回発起人の一人長田直樹君などは血だらけになって兄貴が新宿病院に連れて行ったりした。その頃から新宿周辺のペーブメントは全部取り払われたのを思い出します「投石防止の為」。

出版関係の人達が来店するようになると、自然と著名な作家の方々も。中井英夫、清水昶、埴谷雄高、蜷川幸雄、金井美恵子らが来られた頃が懐かしく思い出されます。

西武線沿線でのスキー仲間伊崎君のグループも楽しい連中。あの頃は、スキーをやるのが遊びのステータスとなっていたのですね。当時芸大の学生だった芸術家達は今や、銀座、青山、新宿、その他の画廊で毎年作品を発表する素晴らしいアーティストになっています。

催し物として、久保田君、根本君らの発案でスタートした皇居一周5キロマラソン・「でん八杯」。最初から三十人を超える参加者で、今のマラソンブームの先鞭と言っても過言ではないと思います。夜遅くまで酒浸りの連中には心地よい汗をかく集まりでした。

一方若い学生で店を賑やかにしてくれた佛文学教授の根本君のゼミの集まりで、野球や皇居一周マラソン等など、「でん八」のお客様グループと楽しい時間を持ったりしたものです。最も古いお客様では竹村君でしょう、高校時代から新聞配達などの信州生まれの苦学生、帰り道、三光町の屋台に立ち寄ったり、その後河出書房の河出興産に、二年程前まで在籍しての元気者でしたが、今は酒を禁じられた生活だそうです。

岩手県大槌町の復興ボランテイアに同道したイタリア文学教授の藤澤君は生徒と一緒に阪神大災害以来の活動家で、今もご夫婦共々ボランテイアを続けて居られる様です。

「そのに」開店後四七年に兄貴と私の念願だった歌舞伎町に二十坪の居酒屋を持つことができました。「おでん」はやらずに、職人板前と程度の高い季節料理を看板にスタートしました。しかし、他店にない看板メニューとして兄貴が考えたのが「いわしと牛タン」でした。以後、青山店、銀座店でもこのコンセプトで展開したわけです。最初の「でん八」以来のお客様は驚くほどの勢いで枝葉を抱えた大木となり、其々開店当初のリスクもなく応援して頂きました。

今考えましても、五十年程前、数人の顧客からの枝葉が銀座店までに広げることができたのです。

そもそも兄貴との繋がりは二十歳の頃、ある人の紹介で二人で洋裁用具店の代理店を始めたのが最初です。兄貴は一年程で辞める事となり、私は二年後店をたたむことになり、そこで兄貴に連絡したところ「すぐ来い」との事で行ったところが「おでんの屋台」でした。驚かなかったといえば嘘になりますが、その日から二人の人生が始まった次第です。

翌日から商売をはじめました。

三光町の市場での仕込み、カーバイトの石を準備して、伊勢丹の前、バス停の前をうつむきながら薄暗くなった夕暮れをゴロゴロと曳き、旭町の安宿街に向かったのも忘れられないシーンです。

その後は、その日暮らしの世間に背を向けての生活も悪くないと、雨が降れば休み、金に余裕ができれば休業と……。

しかし次第に人も増え兄貴は大久保に六〜七名の売り子を抱える様になり、私は十二社や早稲田、その他に売り場作りを。兄貴の娘も大きくなり、私にも子供ができたこともあり、こんな根無し草の生活はそろそろ止めて、次のステップへと、兄貴は判断。

先ず私が手懸ける事となりました。それが「でん八」の誕生です。

最後に兄のエピソードを一つ二つ書き留めてみます。

皆様にも彼の人間の大きさ、賢さ、強さを感じさせた兄でした。私も同様で歌舞伎町店での出来事で、当時前にも書いたシゲちゃんや原君達と飲み歩いてた頃、若い時、結核で闘病生活を送ったことのある私を常に気遣っていた兄が「シゲに見せしめに」「あきひろと飲み歩くな」と言って店内で原君が殴られたと、後で聞いたのです。また実は青山店の開店もスナックでの飲み過ぎを止めさせる為だったりと、今日、私が八一歳まで生延びて、また「でん八」五十周年を迎えることができたのは、これら不断の兄の私への思いやり（愛）だったと頭が下がる思いでおります。しかし残念なのは兄貴が皆様と共に思い出に浸る感動を見ることができない事です。しかしきっと天上で見守ってくれる事と思います。

最後になりましたが、「でん八開店五十周年」を迎えるにあたり、多くの皆様の懐かしさや喜びを共有させて頂いたことに改めて御礼申し上げます。

編集を終えて

3・11東日本大震災の被災地大槌町に、松尾明弘さんとご一緒して泥かきなどする機会がありました。この道中で、でん八の「50周年の記念の冊子」をめぐってゆっくり語り合うことができました。

東京に帰って最初に相談したのが、「松尾昭次郎略年史」を著している長田直樹さんでした。二〇一三年六月「でん八 五十周年記念集」は、座談会出席メンバーが編集委員となり、スタートしました。

第一部の座談会は打ち切られることなく、四回に及んで終了しました。

司会役の僕は、着席した数人の座談相手を知り尽くしているわけではなくて別々の常連客だったことが、幸いしたと思っています。こちらの予想する答えを引き出すのではなく、それぞれの引出をさらして綿々と喋っていただいたことによります。

聞き出したい話が過不足なく出て面白い内容になったように思っています。

一応、決めたテーマにそって進めましたが、小難しい話をする座談ではなかったので、「では、あの時の話をしましょうか…」と、だれかれとなく声がはずんだ。

最初の出会い、松尾兄弟をめぐって、酒縁茫々梁山泊、青春の坩堝、路地裏の風景…尽きない回想録になりました。

ヒトはだれでも本来、機会があれば誰かに話してみたいコトを多かれ少なかれ潜在的に持ち合わせているのではないだろうか。そんなことを実感させられました。

第二部の原稿依頼は手分けして、昨年末にお願いしました。集稿原稿は四三篇。五〇年前に、皆にそれぞれのワケあって「でん八」という「場所」にめぐり合い交わってきた個人史が、個性豊かに語られているのがわかります。

最後に、『新宿　でん八物語――五十周年記念集』刊行に協力してくださった全ての皆様に深謝いたします。

平成二六年八月六日

『新宿　でん八物語―五十周年記念集』刊行会

松尾明弘（豊太）自分史暦

昭和八年……………大阪天王寺で松尾家の末っ子として生まれる

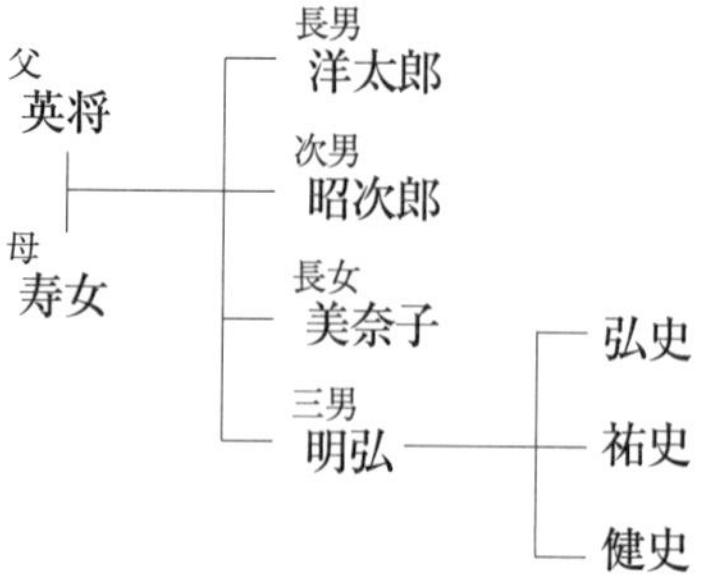

昭和十一年…………東京へ転居

昭和十八年…………佐賀県武雄　疎開

昭和二十年…………終戦

昭和二十四年………戸山高校入学

昭和二十六年………大学進学を願うが結核発病のため断念する

昭和三十九年………でん八その一開業（三十一歳）

（新田裏屋台から中央通りに店舗を構える）

昭和四十三年………でん八その二開業（三十五歳）

（新宿要町）

昭和四十七年………でん八その三開業（三十九歳）

（新宿歌舞伎町）

昭和五十七年………青山傳八開業（四十九歳）

昭和六十一年………銀座傳八開業（五十三歳）

（銀座三原橋）

平成十九年…………兄・昭次郎逝去

平成二十一年………妻・富美子逝去

闘病記

十八歳………喀血結核発病自宅療養
（淀橋駒ヶ嶺一年入院）
豊太から明弘に改名

五十八歳……喉頭癌（コバルト療法）、
再発し女子医大で摘出手術、
声を失う、発声リハビリ入院

六十二歳……膀胱がん内視鏡手術（ＢＣＧ療法・摘出なし）
（調布市慈恵医大）

六十五歳……食道癌摘出手術
順天堂大学（鶴丸教授）

その他………脳梗塞出血（完治）
自然気胸度々手術

住宅の変遷

東大久保泉荘（六帖）
弁天余丁町（六帖・四.五帖）
富久町
富久町（風呂あり）
狛江（賃貸マンション）
葛飾区白鳥町マンション
世田谷区烏山に家を購入する

でん八50年史（敬称略）

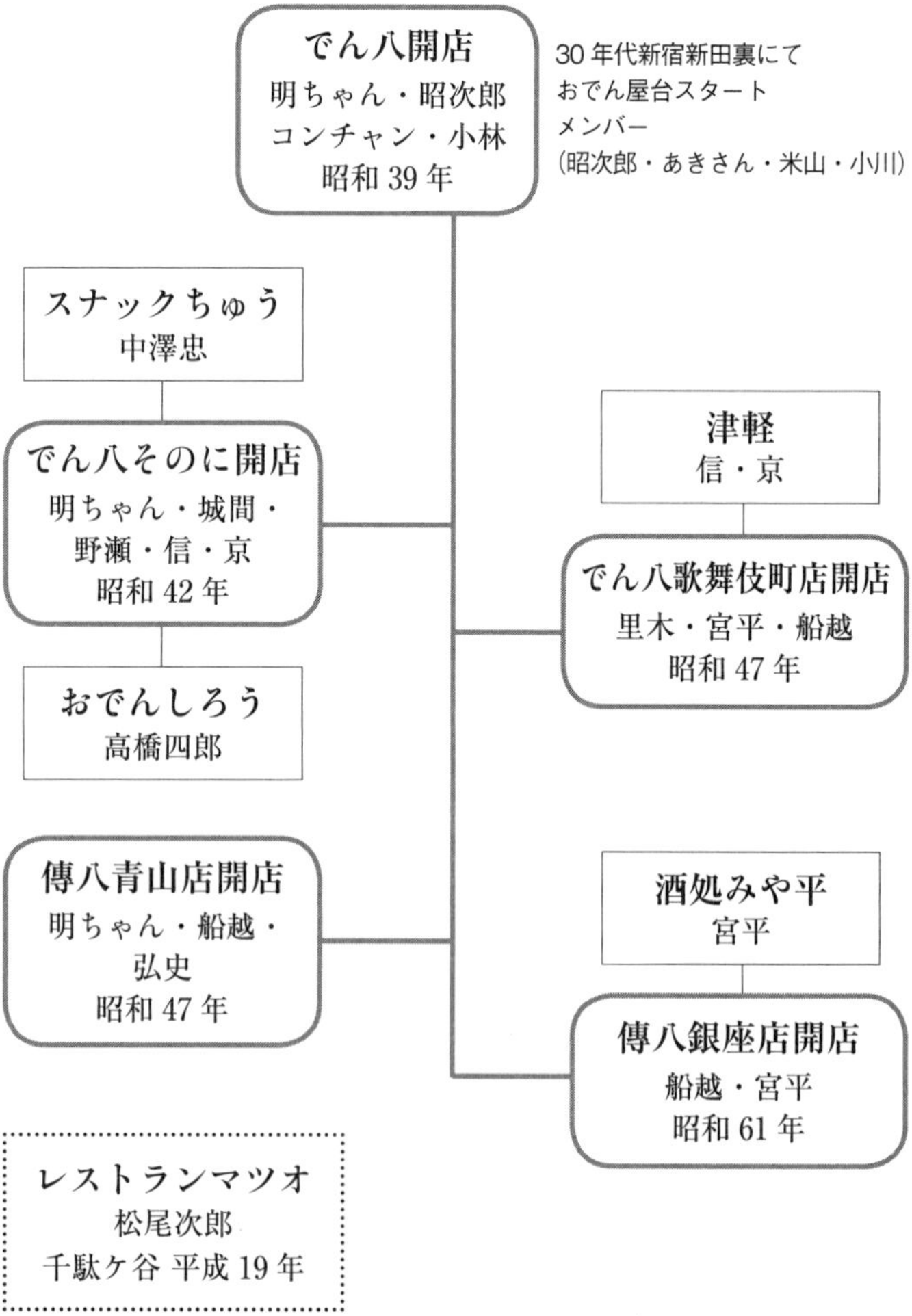
でん八開店
明ちゃん・昭次郎
コンチャン・小林
昭和39年
30年代新宿新田裏にて
おでん屋台スタート
メンバー
（昭次郎・あきさん・米山・小川）
スナックちゅう
中澤忠
でん八そのに開店
明ちゃん・城間・
野瀬・信・京
昭和42年
おでんしろう
高橋四郎
津軽
信・京
でん八歌舞伎町店開店
里木・宮平・船越
昭和47年
傳八青山店開店
明ちゃん・船越・
弘史
昭和47年
酒処みや平
宮平
傳八銀座店開店
船越・宮平
昭和61年
レストランマツオ
松尾次郎
千駄ケ谷 平成19年

新宿　でん八物語　［でん八50年史］

発行日 ――――――― 2014年11月30日　初版発行

編集 ――――――― 「でん八」50周年記念集刊行会

発行 ――――――― 大槌の風

東京都羽村市緑ヶ丘4－12－24　〒205-0003

E-mail:ukentora@t-net.ne.jp

電話 042-554-5464　FAX 042-554-5464

発売 ――――――― 株式会社言視舎

東京都千代田区富士見2－2－2　〒102-0071

電話 03-3234-5997　FAX 03-3234-5957

印刷・製本 ――――― サンケイ総合印刷株式会社

装丁 ――――――― 中山銀士

本文組版 ―――――― 中山デザイン事務所（葛城真佐子・金子暁仁）

乱丁・落丁本はご面倒ながら小社宛ご送付ください。
送料小社負担にてお取替え致します。

ISBN978-4-86565-005-1

Printed in JAPAN